如何培养孩子的

学习能力

潘鸿生◎编著

RUHE PEIYANG HAIZI DE

XUEXI

NENGLI

北方联合出版传媒（集团）股份有限公司

万卷出版公司

图书在版编目（CIP）数据

如何培养孩子的学习能力 / 潘鸿生编著 . -- 沈阳：
万卷出版公司 , 2021.11
　　ISBN 978-7-5470-5690-5

　　Ⅰ . ①如… Ⅱ . ①潘… Ⅲ . ①学习能力－家庭教育
Ⅳ . ① G78

中国版本图书馆 CIP 数据核字（2021）第 153413 号

出　品　人：王维良
出版发行：北方联合出版传媒（集团）股份有限公司
　　　　　万卷出版公司
　　　　　（地址：沈阳市和平区十一纬路 25 号　邮编：110003）
印　刷　者：永清县晔盛亚胶印有限公司
经　销　者：全国新书华店
幅面尺寸：170mm×230mm
字　　数：170 千字
印　　张：16
出版时间：2021 年 11 月第 1 版
印刷时间：2021 年 11 月第 1 次印刷
责任编辑：李　坪
责任校对：张兰华
ISBN 978-7-5470-5690-5
定　　价：45.00 元
联系电话：024-23284442

前言

在同一所学校、同一个班级学习，不同的孩子学习结果各不相同，有的孩子成绩独占鳌头，而有的孩子成绩却一塌糊涂。造成后一种结果的原因很多，其中最主要的原因就是学习能力太差。

所谓学习能力，主要是指对学习方法和技巧的掌握，以及将这些知识、技能应用于实际的能力。培养孩子的学习能力，不仅能促使孩子主动地学习，独立思考钻研问题，提高学习效率，而且对未来从事各项工作都能受益。

学习能力是每个孩子都必须掌握的一种能力。如果将孩子学到知识比作"捕到鱼"，那么，对父母而言，最重要的是要指点和启发孩子掌握最有效的捕鱼技术，而不是父母捕到鱼后送给孩子，让他坐享其成。正所谓：授人以鱼，不如授人以渔。陪着孩子学习，不如教会孩子学习。良好的学习习惯和自觉学习的能力是孩子一生受用不尽的财富。

陈鹤琴先生曾说过这样一句话："习惯养得好，终生受其益；习惯养不好，终生受其累。"如果孩子能够在少年时期养成良好的学习习惯，那么他便会将追求知识、努力学习当成生活中重要的事情来对待。学习习惯一旦形成，便会日积月累地对孩子的学习产生影响。良好的学习习惯会使孩子向好的方向发展和变化，而不良的学习习惯则会使孩子丧失学习的热情，延误个人的发展。

学习的过程是一个独立完成的过程，人们的知识主要是通过学习获得，谁学习，谁获得。孩子知识的获得，必须通过孩子积极思考和实践活动，必须激发孩子在学习过程中的积极性、主动性和独立性。因此，把课堂还给孩子，把学习的主动权交给孩子，让孩子自主学习，给孩子充分的学习时间，放手让孩子自主学习，创设自学的"气氛"，让孩子的学习主动性得到充分的发挥，这是培养孩子学习能力的主渠道。

一个人一生都在学习，学习能力是一个人最重要的能力。培养孩子的学习能力，犹如交给孩子打开知识大门的钥匙。孩子掌握了方法，才能真正把握学习的主动权，真正处于学习主体位置。

培养孩子学习能力的过程是渐进和反复的，家长要有耐心和恒心，不能急于求成，也不能一劳永逸。只有知己知彼方能百战不殆，唯有了解才能做到因材施教。家长要充分了解自己孩子的性格特点和兴趣爱好，正确地引导和教育，进而让孩子由衷地爱上学习，从而帮助他有效地提高学习能力。

本书针对孩子学习中可能出现的问题，提出了相应的解决办法和详尽真实的操作案例，有助于家长迅速掌握教育方法，也有助于孩子进行实时练习。用对了方法，孩子就会爱上学习，对学习充满热情，自然也就会越学越轻松。

目 录

第一章 快乐引导：让孩子自己爱上学习

第二章　习惯养成：孩子学习中的问题多是习惯的累积

第三章　方法制胜：掌握好方法，孩子学习更优秀

第四章　开启思维：引导孩子掌握思考的技巧

第五章　时间管理：让孩子学会管理自己的时间

第六章　远离粗心：帮助孩子学会仔细和专注

第七章　学习效率：提高学习效率才能取得好成绩

第八章　考试攻略：以正确的心态对待考试

第一章
快乐引导：
让孩子自己爱上学习

耳濡目染，让家充满学习的氛围

蔡元培曾经说过："家庭者，人生最初之学校也。一生之品性，所谓百变不离其宗者，大抵胎教于家庭之中。习惯固能成性，朋友亦能染之，然较之家庭，则其感化之力远有及者。"可见家庭对孩子有着举足轻重的影响。

家，是每一位父母和孩子的心灵栖息地，不同家庭氛围下成长起来的孩子，必将具有不同的气质、个性和行为习惯。

为孩子创造一个良好的家庭学习环境，有益于孩子热爱学习、健康成长，并为孩子的未来成长打下一个良好的培养基础。而不良的家庭环境则会导致他们厌烦学习、学习困难、成绩下降，继而引发孩子价值观、人生观等方面产生一系列的问题。

很多家长都渴望孩子学习好，将来能考上大学。所以，父母一再叮嘱孩子要好好学习，可是自己下班回来就看电视、玩电脑、玩手机，到半夜十一二点还不肯休息；更有甚者，找人来家里玩麻将或喝酒聊天，把屋里搞得乌烟瘴气。在这种家庭环境中生活的孩子，他们能有学习的热情吗？他们的学习积极性能不受到影响吗？在这种家庭环境中，孩子的学习成绩一定不会太好。

小华的学习成绩一直在班上排在前面，可是这段时间，她的成绩出现了直线下滑。为此，老师专门找她谈话，了解情况。

原来，最近小华的爸爸经常会请一些朋友到家里来谈生意，还会留他们在家里吃晚饭，当然席间免不了会喝酒，场面很是热闹，可是这正是小华做作业的时间，在大人们劝酒、聊天的声音中，她根本无法静下心来。更糟的是，吃完饭他们还会打麻将，而且会玩到深夜。在"哗哗"的洗牌声中，小华怎能安心入睡，第二天上课当然也没有精神了。

家庭不只是休息的场所，也是孩子学习的主要场所。家庭环境对孩子是否爱学习、是否能成才，具有决定性的作用。家庭生活的点点滴滴，父母的一言一行，无不对孩子的学习和未来的人生产生潜移默化的影响。

古人说得好：近朱者赤，近墨者黑。对于很多不爱学习或学习吃力的孩子来说，家庭环境的影响是非常关键的因素。父母在教育孩子热爱学习的同时，一定别忘了审视自己，反思家庭环境对孩子的影响。

"身教胜于言教"。为了鼓励孩子更好地学习与成长，父母需要给孩子创造一个良好的学习氛围，即学习型家庭氛围。

学习型家庭，是指这样一种家庭，即父母有意识地在自己的家庭中营造出一种健康、积极的良好学习氛围，通过自己的积极学习体验与获得，引导孩子对学习产生兴趣，继而模仿、尝试、体验，有效地激发孩子的学习兴趣，从而使孩子实现品德与智力的良性发展。

周玲是一个爱学习、爱读书的好孩子。她的爸爸妈妈很重视对她的家庭教育。周玲刚开始上小学的时候，爸爸就立下了一条规矩：每天吃完晚饭稍作休息后，全家成员安静地学习一小时，谁都不能例外，并且要持之以恒。直到现在这个规矩还在发挥作用。每天吃完饭后，爸爸都会主动地关掉电视，拿出报纸或读物看，妈妈也拿出小说阅读。在这样的熏陶下，周玲当然也不甘落后了。她安心做作业，有时也会按照父母的指导看些有意义的书籍。这样的家庭环境让周玲养成了勤奋好学的好习惯，一直持续到现在。

可见，有什么样的家庭气氛，就会培养出什么样的孩子。给孩子营造一个热爱学习、积极向上的家庭氛围，一定会造就一个爱学习、求上进的好孩子。

家庭教育的过程，实质上是与子女共同学习的过程，在这个过程中，父母要努力为孩子营造一个健康的成长环境。

1. 为孩子营造温馨的家庭环境

家庭环境对孩子的影响甚大，因此为孩子营造一个健康的家庭环境是非常重要的。

　　我国著名作家、儿童文学家冰心是在温暖和谐的家庭中而成才的，她从小沐浴在海洋般深沉的父爱、母爱里，还享有丰厚的手足之情。她与三个弟弟之间感情深厚，他们常常在一起谈天说地、谈古论今、游戏嬉闹。冰心童年时代的处境确实是难得的，它使小冰心一直沐浴在爱的家庭氛围中，使这个聪颖过人、才思敏捷的小姑娘，形成了善良的心地和温柔、文雅的性格，如果说"五四"时代铺就了冰心一生的道路，促成了她文学创作的丰收，那么，她这个温暖和谐的家庭，就是她获得这些成就的最为重要的原因。

　　冰心的家庭给我们一个重要的启示：应重视家庭生活，努力营造温暖和谐的家庭气氛。

　　家庭和睦美满，是孩子健康成长的基本前提。父母应该非常精心地营造一个令孩子身心健康成长的家庭人文环境。和睦温馨的家庭，会使孩子感觉到温暖，家对他有一种吸引力，让他愿意在家里待着。在这样的家庭里，孩子心理发展会更健康。所以，父母应该以自己的言传身教以及在生活中创造出来的每一个生活细节，让孩子沐浴在一派和谐、文明、健康、宽松的家庭气氛中。

　　2. 做孩子学习的榜样

　　俗话说："孩子是沿着父母足迹成长的。"父母的一言一行都在潜移默化地影响着孩子。"身教"往往胜于"言教"，倘若父母本身热爱学习，为孩子做出表率，试想，孩子怎么能不好好学习呢？

　　一个人的隔壁住着父子两个人。每天晚上8~10点钟，家里的电视声儿没了，什么时候去这家，这家的父亲都在伏案写着什么，于是这位父亲是业余作家的名声就传了出去。后来他的孩子考上了北京某著名的学府，人们到他家祝贺，有人问"作家"，你写了那么多年，用什么笔名发表作品，有什么作品让我们拜读拜读。这位父亲很是惊讶，说："我一个小学毕业，谁给你们说我是作家呀？""那你每天在桌子上写的是什么呀？"父亲笑了，说："孩子学习我看电视那还行？我不看电视孩子想看也不看了。我坐这两个小时，孩子也能纹丝不动地学习两个小时。作为家长你得给孩子做出样子啊！"人们问他那么多年每天都在写，写的是什么。他说抄书啊，孩子的语文书、数学书，他都抄，人们恍然大悟。

"身教胜于言教"这是古训，是我国传统家教的重要经验，很值得现代人发扬光大。如果父母们平时少看一会电视，少聊一会天，少一次应酬，少玩一次牌，多读一点书，多看一份报，那么学习化的情境教育会潜移默化地影响孩子。就算父母不将"用心学习"挂在嘴边，只要以"学习"的实际行动去影响孩子，孩子也会逐渐变得有学习兴趣。

3. 让家庭充满温馨和诗情画意

伟大的诗人歌德说过，"为了不失去神给予我们对美的感觉，必须每天听点音乐，天天朗读一点诗，天天看点画儿"。只要家长有这种意识，不难让家里的物质环境看起来具有诗情画意，但是更为关键的是家庭成员之间关系的融洽和精神上的和谐。实践证明，和谐的家庭更容易培养健康积极的孩子，而不健康的家庭很容易造成孩子心理上的问题，进而造成学习上的困难。所以，让家庭充满平和文雅的家庭氛围有助于孩子形成积极向上的学习态度，缓解孩子在学习过程中的焦虑，给孩子积极的生活暗示。

厌学的情绪是如何产生的

厌学是孩子较为常见的一种心理。厌学与善学、乐学相克，厌学无疑会扼杀或阻碍孩子学习的热情与欲望，束缚和困扰孩子美好的心灵，对孩子的健康成长与发展，都会造成严重的危害。

冯涛是一个16岁的男孩，在同龄人为了升学而拼搏努力时，他却已经在家待了一年多的时间。

小学时，冯涛是个人见人夸的好学生。由于父母工作忙，冯涛经常要自己管理自己的学习、生活，那时的冯涛成绩优秀，而且特别懂事，父母都为有这样的好儿子而深感骄傲。

升上初中以后，冯涛就读于一所市重点中学，学习难度加大，环境的变更，等等，对冯涛产生了很大影响，开始时冯涛还能努力适应。第一次期中考试之后，冯涛的成绩不够理想，导致他背上了沉重的包袱。冯涛开始变得不爱说话，缺乏自信，上学对他来说渐渐成为了一种负担。这时，冯涛的父母依旧忙于工作，除了在生活上对他无微不至的照顾外，还总向他强调他们对他的学习没有要求。市重点中学中优秀学生很多，处于中等的冯涛也没有引起老师足够的重视。随着期末的临近，冯涛的心事越来越重。终于有一天，冯涛再也承受不住，痛哭流涕着对爸爸说再也不想上学了。惊慌失措的爸爸也没了主意，只是觉得儿子太可怜了，就答应了他的要求。此后，冯涛父母对他的关爱大大增多，但无论父母怎么做工作，冯涛就是再也不去上学了。

所谓"厌学"，是指孩子在学习过程中，由于内在动力原因，或外在因素影响，对学习活动失去兴趣和热情而不愿继续。

"厌学"的孩子，多数把学习当成一件父母、老师要求做的苦差事来看待，把知识仅仅作为为了通过考试和获得高分而必须掌握的，因此学习的时候往往很不投入、很不情愿，不注意总结经验，非常被动，学习效率常常比较低、效果比较差。所以"厌学"的孩子即使在中小学的阶段，由于各种学习要求和压力下被迫努力，取得的学习成绩还不错，但是一旦没有了要求，常常会放弃学习，不再努力，变得颓废堕落。所以，厌学情绪是孩子学习的最大"克星"，也是造成孩子不听话的主要原因。

有关教育专家认为，孩子之所以产生厌学心理，大多同外部教育环境有关。其中，最主要的因素往往就来自于父母不适当的教育。

帮助孩子克服厌学心理，首先，应从父母身上找原因。父母对孩子过高的期望，是使他们产生厌学心理的主要原因。不少父母对孩子要求过高，考试成绩要双百分，古筝要达到8级，书画要得一等奖，绘画要取得好名次，不准去科技馆玩，放学后马上回家做作业……在过多的要求和过多的禁令重压下，孩子往往不堪重负，容易产生焦虑与紧张状态，进而不断出现失败感、挫折感。这时的孩子情绪极不稳定，变得恐惧、易怒、拒绝学习，从而导致对学习的厌烦情绪。

其次，孩子学习上的困难得不到及时有效的帮助，也是产生厌学的另一个重要原因。部分孩子性格内向，遇到学习上的难题不愿向老师、同学请教，因而影响成绩。当成绩不理想时，孩子就对自己更没信心。父母如果不了解孩子的这些真实情况而一味责备孩子，孩子也会产生对学习的厌恶。

另外，孩子自身对学习缺乏正确的认识，缺乏求知欲，也是厌学的原因之一。如果一个人怀有强烈的求知欲，他就会常常处于精神振奋的状态，就会热爱学习，就不会把学习当作负担

父母了解了孩子厌学的原因后，要"对症下药"，帮助孩子克服厌学情绪。在减轻孩子学习压力的同时，从各方面多关心孩子，这样就能逐渐培养孩子对学习的兴趣。

1.帮助孩子克服学习中的具体困难

一般来说，孩子厌学都有一些具体的原因，如有的孩子是因为学习基础太差，怎样用功学习也赶不上去，干脆不想学了；对于这类学习基础差的孩子，要在校内和家里抓紧"补课"，尽快使孩子补齐漏洞。

对于孩子因学习进步缓慢而出现焦躁、压抑、厌烦、畏难等心理，家长要帮助他们及时调整和改变学习方法，让孩子尽快从不良情绪中解脱出来。如果孩子的确在学习中遇到无法逾越的困难，可以引导他们"暂时放弃"，然后积极积蓄知识和能量，时机成熟再予以克服。这样既能缓解目前的学习压力，又能抑制厌倦情绪的蔓延。

有的孩子受到某一位老师的训斥，对这位老师有抵触情绪，因而殃及对这位老师所任课程的态度。这类孩子，可以通过谈心的方式，与他进行沟通来解决问题。

有的孩子产生厌学主要是家庭气氛不和，家庭环境不良，家长行为存在严

重问题。父母应从孩子的前途出发，改正自己的不良行为，改善家庭的不良环境和家庭气氛，给予孩子温暖和理解，渐渐改变孩子的厌学状况，纠正孩子的厌学问题。

2.激发孩子的学习兴趣

兴趣是最好的老师，因此，要不断激发孩子的学习兴趣。当发现孩子出现厌学情绪后，一定要帮助孩子使用不同的学习方式，如综合运用听、说、读、写等方式，避免孩子的学习时间过长导致心理上的厌烦情绪。

3.让孩子体验到成功的快乐

一般情况下，孩子非常在意别人对自己的评价，他是按照别人的评价去认识自己的。一个总是失败的孩子体验不到成功的快乐，也就不去努力了。对于一个从没有完成过作业的孩子，父母最好让他先做几道容易的习题，让他能轻而易举地完成，再调整作业的难度。如果孩子的学习不好，不要将失败的原因归为孩子不聪明，父母可以从学习态度、意志力等方面去寻找其他原因。

4.及时发现并鼓励孩子

有一个小男孩的英语考了30分，他非常苦恼，父母也特别着急，不是训斥就是打骂，孩子厌学情绪十分严重，后来他爸爸向心理咨询师寻求解决办法。心理咨询师跟他说：对于英语基础差，就应采用"低要求，小步走"的策略。您要理解孩子的苦恼，要让他学好，首先是帮他建立自信，对他不要要求过高，只要有进步就表扬，比如，考到50分、60分就表扬。后来，这位父亲按照心理咨询师的要求对儿子耐心的教育说：儿子，我知道你学英语很吃力，但不能丧失信心，你是有潜力的。慢慢来，只要你努力，有进步，我一定奖励你。儿子听了父亲的话后，暗暗下决心：一定努力学习、补课。经过半年的努力，从原来考30分，逐渐进步到考了70多分，跟上全班的步伐。对学习英语的恐惧心理和厌学情绪都解除了。

学习是一个艰苦的长期过程，不是一蹴而就的。所以要培养孩子持之以恒的毅力，让他们奋力坚持到最后。对于厌学、学习不好的孩子不要一下子提出很高的要求，相反，要采用"低要求，分阶段"的策略，孩子哪怕只是取得了极其微小的进步，父母也要善于发现，及时鼓励。这样孩子学起来才会更有信心。

5.帮孩子同老师、同学建立良好的关系

孩子十分看重自己在老师和同学心中的地位，这也直接影响到孩子对学习的态度。平时，家长要有意识地培养孩子与伙伴们交往的能力，多带孩子参加一些集体活动，并在与他人交往的过程中，告诉孩子一些与人交往的基本知识，以改进孩子心理上对集体生活的适应能力。

总之，改变孩子的厌学需要从多方面引导他们、启发他们，而不要损伤他们的自尊心，只有认真把握孩子厌学的症结，做到既对症下药，又综合治理，才能消除和改变孩子的情绪，使他们从厌学的阴影中摆脱出来。

让孩子的天赋在兴趣中得到培养

孔子曾说："知之者不如好之者，好之者不如乐之者。"这句话深刻阐释了兴趣对于学习的重要作用。兴趣能够调度更多的精力在某一方面。如果你把兴趣调整到学习上，无论付出再多辛苦，也能甘之如饴。

美国心理学家布鲁纳说："学习的最好动机，乃是对所学教材本身的兴趣。"这就是说，浓厚的学习兴趣可激起强大的学习动力，使孩子自强不息，奋发向上。兴趣是人对客观事物的一种带有情绪色彩的认识倾向。一旦孩子对某事物产生兴趣，强烈的求知欲就会进一步促使孩子主动学习，取得事半功倍的效果。

日本著名的教育学家木村久一曾经说过："如果孩子的兴趣和热情得以顺利发展，就会成为天才。"遗憾的是，许多父母在对孩子进行早期教育的过程中，往往忽视了对孩子兴趣的培养，在孩子的许多兴趣刚刚萌芽时便将它无情地扼杀了。

事实研究表明，孩子童年时期的兴趣，在一定程度上决定了孩子未来事业发展的方向。孩子对某些事物的浓厚兴趣，往往会成为他在该方面取得成功的向导。

兴趣是最好的老师。一个孩子如果做他感兴趣的事，他的主动将会得到充分发挥。即使是十分疲倦和辛劳，也总是兴致勃勃、心情愉快；即使困难重重也决不灰心丧气，而是去想办法，百折不挠地去克服它。如果让孩子去学他感兴趣的知识，学习的时间即便很长，他也丝毫不觉得苦，反倒像是在游戏。

学习兴趣是孩子对某种未知事物的一种求知欲，是一种积极对待学习的情绪状态。学习兴趣是可以帮助孩子满足想要研究或者获得某种知识的一种精神力量。如果孩子在学习的过程中，对某个学科产生了兴趣，那么他就会专心致志地去学习它，从而提高自己的学习成绩。

有一个旅美华人，对孩子的作业大加感慨。

他的儿子刚上小学六年级，但是有一次，当这位父亲查看孩子的作业时，却发现老师给儿子留了这样一份作业：

"你认为谁应该对二次大战负有责任？"

"你认为纳粹德国失败的原因是什么？"

"如果你是杜鲁门总统的高级顾问，你将对美国投放原子弹持什么意见？"

"你是否认为当时只有投放原子弹一个办法结束战争？"

"你认为今天避免战争的最好办法是什么？"

这位父亲感到惊奇："这哪是给小学六年级学生的作业，分明是竞选参议员的前期训练！"但是，这位父亲并没有对孩子说出自己的想法，而是静下心来思考美国老师布置这项作业的道理。最后，他发现，美国老师正是在这一连串提问之中，引导孩子把视野拓宽，让孩子学习从高处思考和把握重大问题的能力，同时，在这些提问中，向孩子们传输一种人道主义的价值观。实际上，这些问题在课堂上没有标准答案，答案需要让孩子们自己去寻找。

当这位父亲看着12岁的儿子为了完成这项伟大的作业而兴致勃勃地看书查资料时，感到非常欣慰，因为他根本不用担心孩子做作业时会磨蹭，注意力会不集中，也不用为孩子的学习操心受累。因此，这位父亲不由得发出这样的感慨："在孩子追求知识的过程中，激发孩子的兴趣，让孩子主动、快乐地学习，孩子才能有自己的思考，才会不用父母提醒也能专心于自己的学习。"

兴趣是孩子认真学习的持久动力。对学习有兴趣便能产生强烈的参与意识，把学习当作一件快事，乐此不疲，学习效果自然就好。反之，如果对学习不感兴趣，学习效果就差。由此可见，激发孩子的学习兴趣对学习是多么的重要。

著名行为学家伯特·杜邦博士说："兴趣是打开潜能的钥匙。"父母教育孩子的目的，就是要把孩子培养成为一个有能力的人和一个有能力创造成就的人。兴趣能为孩子打开能力之门，父母所要做的就是去发现孩子的兴趣，让兴趣引领出孩子无限的潜能。

1.让孩子自由选择兴趣爱好

对于孩子的正当兴趣，父母要正确地加以引导，千万不要将自己的欲望强加于孩子，逼迫孩子去发展自己不喜欢的兴趣。比如，有的父母自己对音乐感兴趣，就非要逼着自己的孩子去学钢琴，而孩子又不喜欢。

俄国教育家乌申斯基曾指出："没有丝毫兴趣的强制性学习，将会扼杀孩子探求真理的欲望。"强制的结果，不仅与父母的愿望相反，甚至会使孩子产生逆反心理，形成厌学情绪，不利于他们健康成长。

作为父母，不管你对孩子的兴趣持什么态度，你都要以极大的热情发现并支持，使其发展成为一种能力。

国际象棋特级大师谢军的脱颖而出，与她的母亲尊重孩子的选择有密不可分的联系。

那年，谢军面临着要么去棋队，要么继续上学放弃下棋的选择。她想上学更想去下棋，因为只有她自己知道，只要往棋盘前一坐，她就会无比地畅快、兴奋。而妈妈，这位毕业于清华大学自控系的电子工程师，为独生女儿考虑更多的是她的学业和前途。作为一个有文化素养的妈妈，既不愿因家长干预断送一个确有天才的棋手，也不愿女儿为此耽误一生。

于是，母女间进行了一次很严肃的交谈，那时谢军才12岁。"你很喜欢下棋，对吗？"小谢军看着妈妈，从没见妈妈这么严肃过，有点儿害怕，但依然点点头。"那好，不过你要记住，下棋这条路是你自己选择的，既然你选择了下棋，今后，就要对自己负责任！"

试想，如果当年妈妈硬逼着谢军读书，压制她对国际象棋的爱好，那么，现在谢军也许会坐在大学的教室里，而我国就会少了一位出色的棋手。谢军的身后，有一个伟大的母亲！

其实，我们应该尊重孩子的意愿，从孩子的兴趣出发，让他们自由选择学习方向，勇于对自己的选择负责。即使孩子的某种兴趣爱好可能与父母的期望有偏差，但只要是正当的嗜好，就应该尊重孩子。因为孩子在做自己喜欢的事情时，他的创造力和潜力才有可能得到充分的发挥，他的专注、认真、持之以恒的习惯和意志品质也可以得到锻炼，有利于孩子的成长。

2.给孩子的兴趣以引导和鼓励

有一位教育家曾经说："天才之所以是天才，并不是由于他们生来具有很高的天赋，更重要的是他们在幼年时期的兴趣和热情的幼芽没有被踩掉，并且得到了保护和顺利发展。"所以，家长在发现孩子的兴趣后，最重要的是给孩子以引导、帮助和鼓励。

琳琳从小喜欢画画，她的画儿，开始真不怎么好，但她画得非常认真。妈妈感到这是她发自内心的乐趣，便鼓励她，她也因此越来越有兴趣。妈妈因势利导，星期天或节假日，带她去书城买些资料。琳琳特别喜爱一些关于描写学生生活的小画册，因为这里所画的事情，就在自己的周围，所以感到特别亲切。抓住这一特点，妈妈便开导启发："为什么不自己去创作一幅画呢？"真没想到，回到家以后，她马上拿起画笔，认真沉思，小眼睛忽闪忽闪的，像是想到了什么。不一会儿，就画出了一幅《秋游图》的草图。

琳琳为班级作的图画，常常得到老师的表扬。以前，妈妈总是担心画画会影响她的学习成绩，可过了一段时间后，妈妈发现，学画画不但没有影响她的学习，反而使她的思维更加开阔了。为了鼓励女儿画画，妈妈尽可能给她创造一些好的条件。例如，为了奖励琳琳取得的成绩，妈妈就给她多买一些图书和画片；以前，妈妈收拾卫生时，总是把琳琳所作的画随手丢进垃圾桶，但现在，妈妈帮助她一张张整理好，标上日期，放到她的专用书柜中，使她认识到对自己的作品要珍惜；妈妈除了帮助她选购纸张、颜料、点评画面构思，还在阳台一角设置了一个一平方米的黑板，供她练习绘画构思用。琳琳非常高兴，感觉到自己的爱好和付出，已经得到了认可和支持。

去年春节前，琳琳制作了一块《欢度春节》的展板，几乎用了一个多星期的时间精心美化，要求摆在春节家庭晚会上。妈妈尊重了孩子的意愿，鼓励她画成"精品"，春节晚上摆出来。春节那天，琳琳又找出几张平时画得满意的画儿，连同她的主体画《欢度春节》，举办了一个小画展，既营造了节日的气氛，又给了全家一个惊喜和无限快乐。

现在，琳琳变得比以前更加活泼开朗，对学校的活动也表现出更大的热情和兴趣。去年国庆节前，班主任老师让她编辑一期手抄报，代表班级参加比赛。她设计报头、整理稿件，又画又抄，整整忙了一个国庆节假期。这期手抄报不仅画得好，字也写得特别整齐，受到了好评，被学校选中参加市北区的比赛。今年，老师鼓励她参加了第三届"世纪之星"全国少年儿童美术书法艺术教育成果展比赛，她的作品《农家乐》获得银奖，妈妈向她表示了热烈的祝贺。

这些年来，妈妈总是引导琳琳按她喜欢的方向发展，帮助她正确认识事物，使女儿能够无忧无虑地成长，个性和潜能得到最好的发展。

研究表明，孩子的天赋能否得到发展，决定性因素在于父母能否为孩子提供足够的支持和帮助，作为孩子的指导者，父母有一个非常特殊的功能，一旦孩子感兴趣的事情得到了父母的支持和鼓励，他就有很大的信心坚持下去，如果不鼓励孩子，甚至批评孩子，那么就会如昙花一现迅速枯萎。

鼓励孩子的兴趣，意味着父母要花费时间、金钱，但最重要的是要善于听取孩子的想法，了解孩子的困惑，多给孩子创造尝试和实践的机会。

3.利用孩子的好奇心，培养学习兴趣

好奇心是人们积极探究新奇事物的一种倾向，是人类认识世界的动力之一。好奇心是兴趣的先导。在学习过程中，当我们对某一种问题产生好奇，竭尽全力去寻求答案时，求知欲开始形成，并逐渐演变为对学习的浓厚兴趣。越想多了解科学知识，学习的兴趣也就越大；学习兴趣越大，努力学习和探究知识的劲头也就更足。

曾有这么一个孩子，上课时，总是做自己的事情，思想一点也不集中，同学们做这个，他却独自一个人玩别的，甚至对老师的话都没反应，父母则为他的"笨""不听话"而感到忧心忡忡。可是有一位老师不这么想，经过一段时间的观察，他发现这个孩子有他自己的特殊兴趣和不同一般的好奇心。比如，他关心的是到底是水泥地滑，还是打蜡地板滑？是水泥地的摩擦力大，还是地板的摩擦力大？教师就有意识地对他进行诱导性的教育，充分肯定他的好奇心，并鼓励表扬孩子爱思考的精神，慢慢地，他不仅更加喜欢思考与探索，还积极配合班级，配合老师。

好奇心是孩子学习的动力。只要掌握了孩子的好奇心，就不用担心孩子没有学习动力。激发孩子的好奇心，也就成了父母成功引导孩子的关键所在。

孩子具有好奇、好问、好动的特点，父母应充分利用它来激发孩子的学习兴趣。有的孩子把闹钟拆开，有的孩子不停问为什么。父母如果不了解孩子的特点把这些看成孩子的淘气、捣乱，对孩子采取批评、冷淡、不理睬的态度，就会损害孩子智慧幼芽的生长，挫伤他们求知的积极性。对孩子的提问要回答，如果不会则可以告诉他如何查询，或者弄明白后再告诉他。

不要拿自己的孩子与别人比较

在生活中，我们经常可以见到这样的情景：父母用孩子熟悉的同学或同龄孩子的优良表现来激发孩子的上进心，诸如"你看你的同学××多好，回回都考第一名。""你瞧××多听话，从来不让爸爸妈妈操心。"之类的话整天充斥在孩子的耳朵里，作为一种教育策略，这样的提法如果父母引导得法，可能会激发孩子的上进心，取得良好的教育效果。但是，相当多的家长出于严重的攀比心理，忽视孩子的个性差异，孩子便会往往成为模式化教育的牺牲品。久而久之，有的孩子会逃避学习；好胜心强的孩子会把注意力放在跟别人的竞争上，没有心思享受学习的快乐，最终也会丧失对学习本身的兴趣。

网络上，曾有一个爆红的帖子：

"从小我就有个宿敌叫'别人家孩子'，这个别人家孩子从来不玩游戏，从来不聊QQ，天天就知道学习，长得好看，又听话，回回年级第一，有个有钱的男友，研究生和公务员都考上了，一个月7000元工资，会做饭，会家务，会八门外语，上学在外地一个月只要400元生活费还嫌多……"

此帖子一出，引起很多人的热议，并纷纷表示感同身受，痛恨这个无处不在的参照物。

的确，生活中类似的事情时有发生。很多父母总喜欢在别人面前，拿自己的孩子和别人的孩子做比较。或许家长这样做的目的，只是单纯地希望孩子能以他人为榜样，学习别人的优点，超越别人，为父母争光争气。但是不知不觉中，这种比较已经伤害了孩子的自尊心。

周丽上次考试成绩出来了，她进步了5个名次，因此非常高兴。

放学后，周丽迫不及待地对妈妈说："妈妈，我们的考试成绩出来了。我比上次进步了5个名次呢。"妈妈也很高兴："很好，你可不能骄傲，要继续努力啊。对了，你同桌玲玲这次考了多少名？"周丽说："她考了班级第八名，比我还多两个名次呢。"

一听到这里，妈妈的脸马上晴转阴："玲玲上次还没你考得好呢，这次超过你了吧？肯定是你学习没玲玲努力，从今天开始好好学习，不能再贪玩了……"一路上妈妈都在教训周丽。

晚上，写完作业后，周丽跑去看电视，可是妈妈却说："从今天起你就别看电视了，去补习功课吧。上次比玲玲考得好，这次就让人家超过去了，你还好意思看电视。"爸爸替周丽求情："周丽比上次进步了5个名次，已经很不错了。"

妈妈说："她将来又不是只和自己竞争，只和自己比能有什么出息。"说完，妈妈便让周丽去补习功课了。

在家庭教育中，上述这种现象屡见不鲜。不少父母拿孩子做比较，他们认为，通过比较可以激发孩子更大的潜力，其实这种教育方式是错误的。在把孩子和别人做比较的时候，孩子不一定会产生竞争心理，反而会有失败感和羞愧心。因为失败感，孩子会失去自信，不但影响亲子关系，还会使孩子在生活中处处碰壁。

一位儿童教育专家曾经做过这样一项调查，让孩子选择自己最讨厌的父母的十种做法，其中90%的孩子选择了"拿自己跟别人家的孩子做比较，在自己面前猛夸别人家的小孩"一项。可见，通过与他人比较来激励孩子的教育方式只会适得其反。

世界上没有相同的两片树叶。同样，世界上也没有任何两个孩子是完全一样的，每一个孩子都有自己相应的优点和缺点，能力和特长也各不相同。用一把尺子衡量所有的孩子是不正确的，永远也不会公平。家长望子成龙、望女成凤，希望自己的孩子同优秀的孩子一样优秀，这种心理是无可厚非的。但是一定要了解自己的孩子，要根据自己孩子的实际确定教育的目标，而盲目地与别的孩子比较是不切实际的。

在外人眼中，刘玲是个非常优秀的女孩，小学5年，每次开家长会，刘玲都是老师表扬的对象；初中4年，年年被评为三好学生，每次考试成绩都是班里前几名，在年级里，虽然不是数一数二，也都名列前茅。

在别的家长看来，刘玲的父母很幸福，女儿这么优秀。可刘玲的父母不这么看。刘玲在班里没有名列第一时，父母就拿她和班里的第一比；刘玲在班里第一的时候，父母就拿她和年级里的第一比。总的来说，刘玲的表现很少得到父母的认可，父母始终在拿刘玲和那些比她更优秀的孩子比。结果，这种做法不但没使刘玲进步，反而使这个班里的佼佼者越来越自卑，越来越自惭形秽。高二时，刘玲产生了厌学心理，一进校门就心烦意乱。尽管这时刘玲的父母已经意识到自己的错误，也做了许多努力，可刘玲的思想就是走不出一个误区：在爸爸妈妈眼里我总是不如别人。最终，刘玲辍学。

心理学家说：拿自己的孩子和别的孩子比，对孩子是精神虐待！过多的比较只会给孩子蒙上心灵的阴影，带给孩子沉重的心理负担，从而失去兴趣和自信这原始的潜动力。

印度的一位思想大师说过："玫瑰就是玫瑰，莲花就是莲花，只用去看，不要比较。"作为父母，切记不要将自己的孩子和别人的孩子去比较。每一个孩子都有他自己的个性，每一个孩子也都应该从他自己实际的基础上发展，不能拿着"放大镜"用单纯的"比较"简单对孩子提要求、设标准，否则会产生严重的负面效果。

1.父母要学会换位思考

生活中，你有没有拿你的孩子和其他更优秀的孩子比过呢？其实，这样的教育方法是对孩子极大的不尊重！不但不能激发孩子的学习动力，而且还会在客观效果上让孩子感到痛苦、自卑、委屈、窝火，从心底里厌恶、憎恨家长！

我们不妨换位思考一下，如果孩子天天这样不切实际地要求父母，结果又会如何呢?

有一位家长，他曾经和孩子试着换个位置，孩子当父亲，父亲作孩子，孩子向父亲提问题："人家挣一千元，你怎么挣八百元呢？人家住三居室，你怎么住筒子楼呢？人家有高级职称，你怎么还是助理呢？"这位父亲虽然很有涵养，但最终还是受不了孩子这样的提问而大发雷霆。他认为儿子怎么能不看实际情况一味地要求老子挣大钱、住好房、有高级职称呢？因此悟出道理，对孩子的要求要合情合理，要实事求是。

孩子最忌讳家长当着别人的面说他不如别人，说他不好。家长应该客观、现实地去比。不盲目地跟别家孩子攀比，跟自己比，跟过去比，才会让"比较"带来正面效果，使"比较"变得有价值。

2.承认孩子间有差异

每个孩子都有其成长的轨迹，都有其发展的优势和不足。在孩子的成长过程中，作为家长首先要承认差异，然后去了解自己孩子的优势和不足，并进一步了解这种优势和不足是如何造成的，在此基础上去扬长补短。

周凯从小学到高中，学习成绩一直属于中等或中等偏下水平，在老师和其他家长眼里，他可能算不得优秀，但在他妈妈眼里，周凯就是最好的孩子。周凯的妈妈从来不拿他和别的孩子比，她承认孩子之间的差别，所以对孩子平时的学习没有提出过高的要求，也从来不以孩子学习成绩的好坏评价孩子。妈妈只是希望孩子健康、快乐。周凯喜欢体育运动，上高三那年，他和妈妈说："妈，我觉得走正常的高考希望不大，我想试试体育这条路。"妈妈听了以后，觉得孩子挺有主见，就说："既然这是你自己的选择，只要你付出努力，不管考好考坏，妈都支持你。"结果，周凯考取了北京体育学院，妈妈特别为他自豪。

人与人是不一样，哪怕是亲兄弟姐妹，也会存在性格、能力、天赋等许多方面的差异。许多父母喜欢把自己的孩子跟别的孩子进行比较，而且总拿自家孩子跟别的孩子的长处相比。这样做实际上是忽视了孩子之间的差异，父母应当接受并承认孩子之间的差异，帮助孩子学会取长补短。你的孩子可能在一个方面比不上人家的孩子，但是在另一个方面却远远强于别人的孩子。而你，发现了孩子比别人强的这个方面了吗？比如，你的孩子虽然爱玩一点，但是天性善良，富有爱心，懂礼貌；也许脑子没那么灵活，但是很上进，很努力，很正直；也许不善于交际，但是很细心，很独立。既然如此，为什么要抓住孩子的缺点不放，而不对他的优点加以赞扬和鼓励呢？

3.多鼓励和赞赏你的孩子

在日常生活中，很多父母总是一眼就能洞察别家孩子的优点，却对自家孩子的长处置若罔闻；总是不遗余力地去夸赞别家孩子的优秀，却对自家孩子吝惜一句真心的赞美。这样难免会伤害孩子的自尊心、影响孩子的健康发展。我们不妨换一种方式，用欣赏的目光注视孩子，用鼓励的语言激励孩子；发现每个孩子的独特之处，发现他过去和现在的行为变化，培养和增强孩子的自信心。

　　王强最喜欢画画了。一个星期天，王强写完作业后便拿出绘画本，认真地画起画来。

　　不一会儿，王强就完成了一幅画，他高兴地拿给正在看电视的爸爸看。爸爸接过王强递过来的画，只看了一眼便扔给了他："邻居家的林飞每周末都补习功课，你这孩子不好好学习，就知道画画。你看你画的什么呀，乱七八糟的。"

　　王强的积极性受到了很大的打击，他蔫蔫地回到桌子旁边，把画放到桌子上，不想再继续画下去了。正巧妈妈看到了这一幕，于是，妈妈走到王强面前，对他说："宝贝，让妈妈看看你画的画好吗？"王强点点头，没有说话。

　　妈妈看了看，认真地对王强说："你画的画很棒啊，颜色匀和，富有想象力。妈妈非常喜欢这幅画，你签上名，送给妈妈好吗？"王强的情绪变得好一点了，在妈妈的鼓励下，他又画了一幅画。

很多家长都会习惯性地拿自己的孩子和其他孩子的闪光点进行比较，结果发现孩子非常差。其实，并不是孩子差劲，是因为家长没有发现孩子的闪光点。这种做法对孩子的成长是非常不利的。

作为父母，我们一定要记住：每个孩子都是为得到赏识而来到人间。父母要学会给自己的孩子正面的肯定，这样才有利于孩子自信心的培养。父母要对孩子满怀信心，经常鼓励和赞赏孩子。因为父母对孩子的态度很重要，父母肯定的眼神会让孩子感到信心十足。

4.鼓励孩子自己和自己比较

王娟今年上小学三年级，成绩一般，各方面都不是特别的突出，她的妈妈觉得很没面子，为此想尽办法给孩子补课，可是就是看不出效果。

有一天，老师找到王娟的妈妈，对她说孩子最近情绪很不好，是不是家长和孩子之间什么不愉快。于是妈妈就把自己的想法和苦闷告诉了老师，老师想了想说："其实孩子比起原来的水平已经有了稳步的提高，和她以前比起来成绩已经不错了。"妈妈听了一愣，老师又继续说："其实家长总是犯一个毛病，那就是总爱把自己的孩子与别的孩子做比较，这样很容易挫伤孩子的积极性，我建议换一种方式鼓励孩子，告诉他最大的对手是自己，只要自己跟自己比，进步了，就应该替孩子高兴，给予孩子奖励。"

听了老师的话，妈妈低下了头，她一直认为孩子没有进步，看来是自己的教育出现了问题。从那天起，妈妈就换了一种方式鼓励孩子，不断地为王娟提出新的目标，当王娟达到了目标的时候，妈妈就会非常高兴地为她庆祝。就这样，王娟的学习积极性有了，学习也更加努力，成绩的名次也越来越靠前，甚至有一次在期末考试中，数学还拿了第一名。

很多时候，家长总是习惯于拿自己孩子的劣势跟其他孩子的优势比较，总是在寻找孩子身上的不足，从而掩盖了孩子本身的优势，这种比较本身就是没有任何实际意义的。孩子只要跟自己比较就足够了，只要他比之前进步了，就是好孩子。所以，我们不应该总是拿自己的孩子跟其他的孩子做横向比，而应该多从孩子的自身成长变化出发，多为孩子做纵向比，让他看到自己在成长中的进步。因为伴随着孩子的成长，每一个进步，哪怕只有一丁点，都是了不起的成绩。这样一比，孩子就有了自信，就不再反感了。

赞赏鼓励：给孩子学习的动力

非志无以成学，非学无以成才。要想使孩子学习好，一方面在于引导和必要的督促，把孩子的学习积极性充分调动起来，使他们成为乐学、肯学的好孩子；另一方面，赞赏和激励是促使孩子进步的最有效的方法之一。每个孩子都有希望受到家长和老师的重视的心理，而赞赏其优点和成绩，正好满足了孩子的这种心理，使他们的心中产生一种荣誉感和骄傲感。孩子在受到赞赏和激励之后，会在学习上更加努力，会自动自发做得更好。

"你是非常聪明、非常好的孩子。"这是德国家庭教育家卡尔·威特在对小威特的教育之中用得最多的一句话。每当儿子遇到困难和挫折时，他总是用这么一句世上最美的语言帮助儿子摆脱内心的苦恼。

每当儿子痛苦和失落之时，威特会对他说"你一定行的，我相信你。"威特认为，孩子毕竟是孩子，他太弱小，在他的人生之中会遇到很多难题，我们应该尽可能地帮助和支持他。只有让儿子充满信心，他才能在未来的人生之中面对一切挑战，才会拥有幸福的人生。

小威特刚开始学习写作的时候，对自己的能力一点儿也没有信心。当他战战兢兢地把他的第一篇文章递给威特时，威特就注意到他眼中的不安，似乎他在等待着审判。读完他写的文章后，威特发现那的确是篇糟透了的文章：问题没有交代清楚，句子不完整，还有很多错别字。应该怎样去评价它呢？由于感到儿子对写作缺乏自信，威特知道不能简单地说一声"不好"就能解决问题。在他沉默之时，儿子流露出忧伤的眼神。可他没有想到，威特对他说了一句令人兴奋的话："非常不错，这是你第一次写作，爸爸刚开始写作的时候比你差远了。"这时，儿子的眼光中闪烁出兴奋的光芒。

不久，儿子把他的第二篇文章给威特时，已经是天壤之别了。

孩子不断进步，原因是多方面的，但有一点是肯定的，即家庭教育的作用，而其中来自家长对孩子的鼓励则是一把挖潜启智、培养孩子正常发展、快速成长的金钥匙。鼓励能调动人的积极性，鼓励能让人树立信心、看到希望。一句鞭策的话语，一次精神上的激励，往往能激发孩子的自尊心和上进心，从而变成一种巨大的精神力量，促使其更加刻苦用功和不断提高。

在学习的过程中，孩子会遇到各种各样的挫折和不愉快。这时，孩子可能会表现出自信心不足及学习情绪的低落。父母如果能够在此时适时地给予孩子欣赏、鼓励和支持，对孩子来说不仅是一种力量，更多的是战胜一切困难的勇气和信心，同时也增加了孩子对父母的感情及信赖。

曾有这样一个感人至深的故事，讲的是一位母亲参加三次家长会后对孩子的教育：

一位母亲第一次参加家长会，幼儿园的老师对这位家长说："你的儿子有多动症，在板凳上三分钟都坐不住。"回家的路上，儿子问妈妈，老师都说了些什么？妈妈鼻子一酸，差点掉下泪来。她告诉儿子："老师表扬你了，说宝宝原来在板凳上坐不到一分钟，现在能坐三分钟了。别的家长都羡慕妈妈，因为全班只有宝宝进步了。"那天晚上，她儿子破天荒地吃了两碗饭，而且没让妈妈喂。

在第二次家长会上，老师说："全班50名学生，你儿子排在第49名，我们怀疑他智力上有些障碍，你最好能带她到医院查一查。"回去的路上，妈妈流下了眼泪。回到家，看到儿子惶恐的眼睛，她又振作精神说："老师对你充满信心，你并不是一个笨孩子，只要再细心点，一定会超过你的同桌。"说这些话的时候，她发现儿子的眼光一下子充满了光亮，发愁的脸也一下子舒展开了。第二天上学，儿子比平时都要早。

第三次是初中毕业班家长会，老师没有在差生的名单里提到她的儿子，到家长会结束也没有提到她儿子的名字，她有点不习惯，临别，去问老师，老师告诉她："按你儿子现在的成绩，考重点高中有点危险。"母亲心里有一种说不出的甜蜜，她告诉儿子："班主任对你非常满意，他说了，只要你努力，很有希望考上重点高中。"

高中毕业了，她儿子从学校回来，把一份清华大学录取通知书交到她的手里，突然跑到自己房间里大哭起来，边哭边说："妈妈，我一直都知道我不是个聪明的孩子，是您……"她再也按捺不住十几年来凝聚在心中的泪水，任它打在手中的信封上。这是一位伟大的母亲，她用赏识教育代替惩罚教育，她成功了。

我国教育家陶行知先生曾经说过："教育孩子的全部秘密在于相信孩子和解放孩子。相信孩子、解放孩子，首先要赏识孩子。"所有孩子心灵深处都渴望得到别人的赏识。孩子从父母欣赏的眼光、赞赏的话语、满意的点头、会意的微笑、热烈的掌声中得到肯定，赏识可以发现孩子的优点和长处，激发孩子的内在动力，增强孩子的自信心。

心理学家威廉·詹姆斯曾说过："人性最深切的渴望就是获得他人的赞赏，这是人类有别于其他动物的地方。"赞扬就是给孩子以积极的期望。做父母的应该而且必须赏识自己的孩子，要把赏识当成孩子生命中的一种需要。有了赏识的心态，父母就会把孩子当作天才来看待。

赏识法听起来十分吸引人，但人们常常并不明白什么是赏识，甚至以为赏识就是说好听的，表扬一下。其实赏识就是给孩子一个机会锻炼及表现自己的能力，让他知道自己的行为可以给自己和别人带来积极的影响。在赏识的作用下，孩子认识到自己的潜力，不断发展各种能力，成为生活中的成功者。

爱因斯坦在他的回忆录《我曾是智障者》一文中，讲述了自己求学的经历。他最不能忘记的是他上五年级时遇到的一名叫赫伯特·默菲的老师。

由于生理原因，爱因斯坦遭遇了严重的学习障碍，尽管他尽了最大努力，可仍不断遭受挫折和失败，他自认比别人"笨"，就退却、消沉，并开始装病逃学。默菲老师没有因他的"笨"而轻视他，相反，还满腔热忱地鼓励他。有一天课后，老师把爱因斯坦叫到一边，将他的一张考卷递给他。那上面，爱因斯坦的答案全错了。"我知道你懂得这些题目，为什么我们不再来一次呢？"老师挨个问考卷原题让爱因斯坦回答。爱因斯坦每答完一道题，老师都微笑着说："答得对！你真聪明，我知道你其实懂得这些题目。我相信你的成绩会好起来的。"他还一边说一边把每一道题都打上钩。

可以想见的是，默菲老师的适时鼓励和帮助，使得爱因斯坦战胜了自卑。假如老师对爱因斯坦只是冷眼相对，骂几句"笨"，爱因斯坦能够成为世界知名的医学博士吗？

孩子是非常希望得到别人的赞赏和鼓励的，尤其是在困难的时候。父母的鼓励，就是向孩子传达对他的信任、欣赏和尊重，帮助孩子辨别和体会自己关于骄傲和成功的感受，给他前进的动力。

美国心理学家德里克曾说过："孩子需要成人的鼓励，就像植物需要水一样。"的确，鼓励是孩子成长的道路上不可缺少的助推剂，是孩子茁壮成长的阳光。让我们都来鼓励孩子，让他们更加积极自信、快乐地学习和生活吧！

1.用鼓励增强孩子的信心

刘艳是一名小学三年级的学生，成绩在班里一直是前五名。不少家长都很羡慕刘艳，认为刘艳爱学习，是个好孩子，但刘艳的妈妈对她的成绩还是很不满意，总觉得刘艳应该考入前三名。每次刘艳的考试成绩出来，妈妈看过成绩单后，就会对刘艳说："你下次一定要抓紧时间用功学习，争取进入前三名。"知道妈妈一直对自己都不满意，刘艳心里很不是滋味。

后来无论刘艳怎么努力，她的学习成绩一直都止步不前。而且最近的一次考试，刘艳的学习成绩竟然下降了。刘艳的妈妈很是不解，不分青红皂白又将刘艳训斥了一顿。

其实，如果刘艳的妈妈看到成绩单后，能够及时肯定孩子取得的成绩，给予适度的表扬，那么结果肯定会大有不同。而刘艳也不会因为体验不到妈妈的鼓励和肯定，而失去学习的热情和动力，进而导致成绩下滑了。

鼓励和肯定会使孩子产生成就感，增强自信心，愿意更积极地努力，去取得更大的成绩。父母不要忽视孩子小小的进步和成绩，孩子生活在被肯定的状态下，才能形成良好的心态，才能具有自信和不断前进的勇气。

2. 对孩子的进步要及时赞扬

不知道家长们是否有这样的经历：当孩子们出现值得表扬的言行时，我们想给予表扬却耽搁了、忘了，事后想起来，这时再去表扬，结果发现这时候孩子的眼神已经没有太多的热情了，甚至还有些不在乎。

某小学的校长曾经做过这样一个实验：期末考试之后，他分别在不同时间内对两个班级考试成绩差不多的两组孩子做出评价。

对第一组孩子，校长在考试成绩出来的当天就表扬了他们："成绩真不错，你们都是聪明的孩子，继续努力吧。"

对第二组孩子，校长一直等到下一个学期开始之后，才对他们说："你们上学期考试成绩不错！"

一个学期以后，第一组孩子因为受到了校长及时的赞扬和鼓励，学习成绩有了明显的提高。他们一致认为是校长的赞扬让自己对学习充满了信心，学习劲头也更足了。而第二组孩子的学习成绩却没有明显进步。虽然校长赞扬了他们，但时间已经相隔太久，所以他们根本没有察觉到这种表扬，所以他们的学习积极性也没有太大的变化。

这个实验证明，及时赏识和赞扬孩子，比事后再给予赞扬所起到的作用要大得多。所以，孩子有了进步，最好当时当地给予夸奖和鼓励，这样孩子的成就感和荣誉心就会得到最大的满足，进而会把后面的事情做得更好；否则，事过境迁，已经没有了当时的氛围，你再去夸奖他，会使夸奖的作用大大降低。

3.用赞许的眼光看待孩子

著名成功学家拿破仑·希尔从小被认定是一个坏孩子。与邻居的女儿相比，他显得野蛮粗鲁；与老教师的外孙相比，他显得孤陋寡闻；与女佣的儿子相比，他显得更加淘气；与自己的哥哥相比，他显得更不通人情……家人和邻居甚至认为他是一个应该下地狱的人，无论何时出了什么坏事，都认为是拿破仑·希尔干的。在这种情况下，拿破仑·希尔破罐子破摔，一心想表现得比别人形容的更坏。如果让拿破仑·希尔继续这样发展下去，也许我们就再也看不到他后来那一系列伟大的著作了。可是，孩子的命运却被一句话所改变。

希尔的爸爸要再婚了。他把这个陌生的女人带进家门，愉快地为她介绍家里的每一个人。当走到希尔面前时，爸爸用略带厌恶的口气说：“这就是家里最坏的孩子，拿破仑。”

希尔倔强地看着继母。可没想到她却说了一句让希尔终生难忘的话：“最坏的孩子？我倒相信他是一个优秀的孩子。只不过你们没有发现他的优点罢了。”这个眼睛里闪烁着柔和光芒的女人用这一句话就改变了希尔的一生。

继母的这句话有什么特殊之处吗？没有。无论如何它也算不上豪言壮语，而只能说是一句普通而平实的肯定。可正是这句肯定，把正陷入绝望和自暴自弃中的孩子拉出了悲剧命运的泥潭。

继母发现了拿破仑·希尔的优点。在继母的赏识下，拿破仑·希尔开始改正自己的缺点，并发奋学习。继母用她深厚的爱和不可动摇的信心，塑造了一个全新的拿破仑·希尔。

一位教育学家说：“能发现孩子10个优点的父母，是优秀的父母；能发现孩子5个优点的父母，是合格的父母；如果不能发现孩子的优点，这种父母应该下岗。”发现孩子的优点，并用赞许的眼光对待孩子，适当给予夸奖，让孩子在父母的激励下努力发掘潜能，促使孩子获得惊人发展。称赞孩子会使孩子的优秀品质和行为得到强化，从而树立孩子的自尊心、自信心，促使其获得成功。

选择好书，让孩子爱上阅读

阅读是人类进步的最好途径。在当今信息时代，知识的更新频率越来越快，阅读是人了解社会的重要方式，也是孩子认识社会和自然界的重要方式！哈佛大学前任校长艾略特说得好："养成每天用十分钟阅读有益书籍的习惯，二十年后，思想上将有大改进。所谓有益的书籍，是指对身心健康成长有益的书籍，不管是小说、诗歌、历史、传记或其他种种。"

美国德罗瑞斯达博士，曾在加利福尼亚州的奥克兰小学调查5103名一年级的新生，其中有49个人在入小学以前已经在家里学过阅读。德罗瑞斯达对这49个孩子作了5年的追踪调查，发现与其他孩子相比较，他们的学习成绩一直保持领先的状态。这些提早学习阅读的孩子在智力上和个性上与其他的孩子并没有明显的差异。因此，他们在学习上处于领先地位并不是因为阅读以外的其他原因所造成的。

与此相似，德罗瑞斯达在美国纽约市也做了这样的追踪调查。他把孩子分成两组，这两组孩子的智力相当，但是一组孩子在入学以前学过阅读，另一组孩子在入学前则没有学过阅读。这个调查追踪了3年，德罗瑞斯达同样发现提早学习阅读的那一组孩子的学习成绩始终领先于没有提早学习阅读的孩子。孩子在入学以后最重要的技巧是阅读，阅读兴趣的浓淡、阅读能力的强弱都是孩子入学以后学习成绩优劣的先决条件。在孩子入学以前，就要注意培养孩子的阅读兴趣，训练孩子具备一定的阅读能力，有可能使孩子在小学低年级的学习中具有较强的竞争能力，获得优良的学习成绩。

读书，是一种爱好，也是一种习惯，只要从小培养，书就会成为孩子最知心的朋友，有利于提高孩子的语言能力和思维能力，帮助孩子更好地学习与成长。

苏霍姆林斯基曾经说过："如果少年学生除了教科书以外什么都不阅读，那他就连教科书也读不好。如果学生其他的书读得较多，那么他不仅能够学好正课，而且会剩下时间，去满足他在其他方面(创造性的智力活动、锻炼身体、参加劳动、审美劳动)的兴趣。"的确，读书对一个人一生的发展非常重要，它不仅使人知识广博，更重要的是它能陶冶人的品德，使人的精神内涵更加丰富。

苏联伟大的文学家高尔基从小喜欢读书。不论生活怎样艰苦，他都能自始至终横下一条心，刻苦读书学习。

高尔基在一家裁缝店当学徒工时，白天他擦铜器、刷地板、劈木柴，累得筋疲力尽。晚上，他躲开店老板的监视，偷偷地用罐头盒做了一盏小油灯，趁老板没留意时，悄悄地收集一点烛盘里的残油。在夜深人静时，高尔基便躲到板棚的一个角落，借着微弱的灯光读书学习。他读起书来很专心，把所有的疲劳都忘掉了。

一天夜里，老板起来上厕所，忽然发现板棚里有一丝光亮。他很奇怪，走近一看，原来是高尔基在读书。老板追问从哪弄来的灯油和书。高尔基被这突如其来的事情吓坏了，他真怕老板会一气之下把书给撕了。

从那以后，店老板更加严密地监视高尔基，他再也没有机会弄到灯油，但他又实在想读书，他想等明月高悬时，也许能够借助月光来读书。

终于等到月圆的晚上，高尔基把藏在炉灶下的书拿出来走到窗前。月光透过窗子照在书上。可不管高尔基怎样努力，也无法看清那些密密麻麻的铅字。他从架子上拿下一个铜镜，想利用光的折射来看书，但还是无济于事，仍然无法看清楚。最后，高尔基只好壮着胆子爬到神台上，在神像前的长明灯下读书。

高尔基不但喜欢读书，更加爱护书。一次，房子着火了，火势越烧越大，别人都抢救值钱的东西，可他却什么也不要，只抢救自己的书。

高尔基就是在这样极其艰苦的环境中，横下一条心读书学习。他凭借无比坚强的毅力和信心，坚持读书和创作，写出了长篇小说《童年》《在人间》《我的大学》《母亲》等，成为苏联伟大的文学家。

阅读是获得知识的主要渠道，80%的知识是通过阅读获取的，所以，培养孩子从小爱阅读的习惯很重要。阅读是一种终身教育的好方法。

引导孩子爱读书是每个父母的责任，孩子一旦对读书产生了浓厚的兴趣，就会燃起求知的智慧之火，这样，你就为孩子的成功铺设了一条道路。

阅读能力是一种综合能力，它不是一朝一夕可以形成的，而是循序渐进的一个过程。孩子由于受年龄、知识和生活环境所限，不论在阅读习惯、方法和材料等方面都会遇上很多困难。而父母作为孩子的第一任教师，就成为孩子阅读的启蒙者。因此，父母要担负起阅读教育的职能，培养孩子广泛的阅读兴趣。

1.激发孩子的阅读兴趣

19世纪德国著名的思想家、诗人歌德，在他幼年时，母亲就常常给他讲故事。每天讲到"且听下回分解"的地方就停住，以后的故事情节让歌德去想象。幼年的歌德为此做了各种猜想，有时还同他奶奶商量，等待着第二天故事情节的发展。第二天，母亲在讲故事前，先让孩子说他是怎么想的，然后自己讲。当歌德猜中的时候，他就高兴得叫起来。歌德的记忆力和想象力就是这样培养起来的，当然，歌德的读书兴趣因此也被调动起来了，这为他后来创作剧本和小说带来了很大的益处。

兴趣是最好的老师，有了兴趣，做任何事情，你都会主动去做。没有兴趣，想做好一件事情是很难的。培养孩子读书也是这样，只有培养了孩子的读书兴趣，孩子才能主动去读书，从丰富的书籍中去汲取营养，丰富自己，充实自己，不断提升自己的素质。

2.为孩子创设和谐的阅读环境

一个家庭有没有书，孩子是不是经常能接触到书，这与孩子是不是喜欢阅读有着很大的关系。所以说，环境对孩子的影响很大，要想让孩子喜欢阅读，在家里就要用心布置方便阅读、刺激阅读的环境。

　　乔治·路易斯在阿根廷是一位家喻户晓的作家，他曾获得过诺贝尔文学奖。1899年，乔治·路易斯生于布宜诺斯艾利斯的郊区。他的父亲乔治·博格斯是一位民事律师，同时也是一位兼职的心理学老师及作家。乔治·路易斯每次谈起自己的父亲，那种感激之情都溢于言表。他曾经在许多场合声称，父亲是一生中给他鼓舞最多的人。

　　乔治·路易斯在他的回忆录中写道：

　　我的父亲非常有学问，而且他像所有的读书人那样心地善良。他是一个非常谦虚的人，他喜欢默默无闻地工作……他的偶像是英国作家雪莱、英国浪漫主义诗人济慈，以及英国诗人、文学评论家斯温伯恩。

　　作为一位读者，他对两方面的书籍感兴趣。首先，他喜欢阅读玄学及心理学方面的书籍；其次，他喜欢阅读文学及有关东方文化的书籍。正是他向我展示了优秀诗篇的力量，让我认识到那些优美的诗句，不仅是一种交流的手段，而且是魔术般的符号，是沁人心脾的音乐。

　　当被别人问起什么对他早期的成长产生过重要影响时，乔治·路易斯不假思索地回答说："我父亲的书房。实际上，有时候我觉得自己早年的许多时光，都是在父亲的书房中度过的。父亲书房里的情景至今我都仍然历历在目。数千本书都整齐地放在玻璃书架上。以前的许多事情我都忘记了，可那些我时常读的书却是永远也忘不掉的。"

　　在父亲的言传身教下，乔治·路易斯爱上了阅读英文诗，并且养成了遇到不懂的地方，喜欢查阅字典和百科全书的习惯。他写了许多被人津津乐道的故事，其中有两则就是关于百科全书与图书馆的故事。

　　当乔治·路易斯只有6岁的时候，就骄傲地向父亲宣称："我长大之后，要当一名作家。"

　　在父亲的正确引导下，乔治·路易斯从小便养成了阅读的习惯并对知识产生了浓厚的兴趣，为他以后的成材之路奠定了基础。

读书需要有一个良好的氛围，如此才能保证孩子心情愉悦、注意力集中地读书。所以父母要尽可能为孩子创造有趣、轻松、自在的阅读环境。正所谓书香门第多才子，一个最重要的原因就是他们家庭读书的氛围好。如果父母本身都有阅读习惯，言传身教，自然能给孩子良好的影响。

3.帮孩子掌握读书的方法

目前，很多孩子未能掌握有效的读书方法。比如无论什么书籍，都是一字一句地看完。其实即使是有很多空闲时间的成年人，也无法做到这一点，更何况是身负繁重学业的孩子？因此，家长必须帮孩子掌握科学的读书方法。明白哪些书需要精读，哪些可以泛读，哪些则只需要浏览。只有这样，才可以提高读书效率，利于健康成长。

首先是浏览。课外书籍很多，不可能每一本都仔细阅读。拿到一本书先要粗略地浏览一遍，了解其梗概，看看是否适合自己学习需要，尽快决定取舍，避免无效劳动。在浏览决定之后，对需读之书，先用较快的速度粗读。目的是了解大致内容，看看书中讲了些什么，做到心中有数。粗读时对书中的难点、疑点做上记号，不作深究。粗读后认为有价值的书，再认真细致地阅读，深入思考研究。如果认为没有必要重读，此时也已从书中获得了不少知识。对需要重读的有价值的好书，就要认真细致地阅读，把握书中的重点，弄懂疑难之处。阅读时要多设疑问，多问几个"为什么"，再想方设法解决疑问，直到所有疑问全部解决为止。这是读懂一本书的重要环节，也是培养独立思考能力的方法。

4.把阅读选择的权利交给孩子

阅读是一种求知行为，也是一种享受。因此，在孩子阅读的过程中，家长除了需要对真正有害于孩子的书刊进行控制外，不应对孩子所读书刊的内容、类型和范围过多地进行约束和控制。

有一位年轻妈妈带着儿子到书店买书。儿子看到书店里有那么精美的好书，非常高兴，精挑细选了几本故事书和童话书。没想到年轻的妈妈看到了，气不打一处来，一把夺过儿子手中的故事书，拉长着脸说："就知道买这些书。看这些闲书有什么用，对你写作文又没有什么帮助。你怎么不去买几本作文书呀，也好学学别人怎么写作文呀。"结果，儿子兴致全无，一脸的无奈。

阅读是一种文化积累，是一种精神享受，是一种情感熏陶，是一种人格塑造，因此，不要把阅读看得过于功利，否则，会使孩子产生厌读情绪。家长在引导孩子选择图书时，要尽量满足孩子。只有孩子感兴趣才会主动去看、去学。因此，在购书时，家长应该给孩子一定的自主权。一般说来，从上小学开始，大部分孩子在阅读内容的选择方面已逐渐形成自己的爱好和兴趣。对此，家长应注意观察、了解和引导，不宜过多地干涉，更不应按自己的意志强行改变孩子的阅读爱好，也不宜按自己的知识观和阅读习惯为孩子开列必读书目。否则，孩子就容易对阅读产生厌恶和恐惧，从而失去阅读兴趣。

5.引导孩子阅读经典文化名著

英国著名学者布尔韦尔·利顿说："在科学著作中，最好读最新的书；在文学著作中，最好读最老的书。古典文学作品永远不会衰老。"经典文化都是世界历代文人和学者的绝世之作，经过几千年的大浪淘沙留下来了脍炙人口的作品。如果我们的孩子经常阅读这些经典文化，让孩子们的心灵与大师们交流、碰撞，让他们深切地感受到文字里所蕴藏着的瑰宝，他们本身的素质从小就是高起点、高标准地迈开了人生的第一步。所以，家长要引导孩子读一点经典名著。

以下是教育部重新修订的教育大纲中开列的20部课外阅读推荐书目：《论语通译》《三国演义》《红楼梦》《呐喊》《女神》《子夜》《家》《雷雨》《围城》《哈姆雷特》《堂吉诃德》《哥德谈话录》《巴黎圣母院》《欧也妮·葛朗台》《复活》《普希金诗选》《泰戈尔诗选》《匹克威克外传》《老人与海》《谈美书简》。

小测试：你是合格的家长吗？

作为父母亲，除了养孩子，如何教育孩子才是一个合格的家长？

下面的这些问题，能帮助你全面地思考自己的教育状态。如果符合自己的情况，请在后面的括号中画上"√"；如果不符合，则不用画。在读题的同时，请认真思考自己应该如何去做。

1.自己也没有明确的生活目标。（ ）

2.在教育孩子方面夫妻意见不统一。（ ）

3.夫妻间常在孩子面前吵架。（ ）

4.你认为学习是痛苦的。（ ）

5.你认为孩子学习必须有人看着才行。（ ）

6.你经常当众批评孩子。（ ）

7.你很少去表扬孩子。（ ）

8.你常以学习成绩好的孩子为例批评自己的孩子。（ ）

9.你经常用自己年轻时的经历教育孩子。（ ）

10.总对孩子说自己的付出全是为了他或她。（ ）

11.你把教育孩子的希望寄托在学校和家教上。（ ）

12.你常依自己的标准给孩子定目标。（ ）

13.你把物质刺激当成激励孩子的重要方法。（ ）

14.你对孩子的困惑不闻不问，或不感兴趣。（ ）

15.对孩子的事什么都想知道。（ ）

16.你从来没有带孩子去书店，或博物馆。（ ）

17.你不愿鼓励孩子或不会鼓励孩子。（　　）

18.你经常斥责孩子的缺点。（　　）

19.你的情绪经常跟着孩子的分数走。（　　）

20.你认为满足了孩子的物质需求孩子就应该努力学习。（　　）

21.你认为孩子能听懂你讲的道理，却故意不去做。（　　）

22.你不认为自己的行为对孩子有决定性影响。（　　）

23.你认为孩子学习成绩与自己文化水平有必然联系。（　　）

24.为孩子做所有的事情，认为是处处为孩子好。（　　）

25.你相信各种"速成"班。（　　）

26.你不让孩子做家务，为了让他省下时间学习。（　　）

27.你教孩子要诚实，自己却在他人面前说谎。（　　）

28.你认为一味地表扬孩子会导致孩子骄傲。（　　）

29.你限制孩子玩，自己却经常出去玩。（　　）

30.当孩子不听话时，你常打骂孩子。（　　）

31.你常在孩子面前评说别人长短。（　　）

32.你认为孩子的缺点必须用批评才能改正。（　　）

33.你常对孩子说："你怎么这么笨？"。（　　）

34.你常对孩子说："只要你好好学习，什么条件都答应你"。（　　）

35.你认为孩子学习的好坏取决于他的聪明程度。（　　）

36.你认为人的性格是不可改的。（　　）

37.你认为成年人是不可改变的。（　　）

38.当孩子说一件得意事时，你却警告他别骄傲。（　　）

39.你认为自己该做的事都做了，好坏全在孩子了。（　　）

40.你认为孩子在学习上一点不着急，自己却急得团团转。（　　）

测试结果：

以上问题，如果只有5项以下符合你的情况，你是个合格的父母；

有5项（包括）以上、10项以下符合你的情况，你应该加强学习了，教育也是一门科学，需要父母不断地学习；

如果有10项（包括）以上、20项以下符合你的情况，你必须警惕了，自己做得不对的地方，尽可能地改正；

如果有20项（包括）以上符合你的情况，你是一个完全不合格的父母，必须改变自己了，否则将毁了孩子的前程。

第二章
习惯养成：
孩子学习中的问题
多是习惯的累积

培养孩子做事有条不紊的习惯

生活中，许多孩子都有找不到自己的学习用品或生活用品的现象，这是一种不懂得妥善归置、安放东西的小小细节。在生活里，这些细节也许只不过是让人多花时间找东西而已。但是，这样的小习惯表现在一大段时间的利用、一件大事情的完成中，它们就会显现出更大的弊端来了：东西没有安置好，那么需要的时候就找不着材料和资源；时间没有安排好，那么就常常会浪费掉许多宝贵的时间。一句话，就是缺乏条理和规划。

放学了，刘洋背着书包回到了家。爸爸妈妈还未下班，他想起有很多作业没做，于是独自一人把作业都拿了出来。先写哪一门呢？他翻翻语文，看看数学，再瞧瞧英语，过了好一会儿终于决定要先做数学，但是刚开始不久，就碰到了一道难题，他想了一会儿，觉得毫无头绪，于是又打开了语文作业。没过一会儿，爸爸妈妈下班了，看见刘洋一个人在写作业，非常高兴，夸了他两句便下厨房做饭去了。作业毕竟是枯燥乏味的，没过一会儿，刘洋突然想起了放动画片的时间到了，昨天的剧情不知道发展到哪儿了？满心想把作业写完了再去看电视，但是书上的字仿佛一个个都变得不认识了似的，眼前仿佛晃过了动画片的情节。再也忍受不了这种折磨啦，刘洋坐到了电视机前。

吃过晚饭，刘洋又自觉地坐到书桌前，突然想起前些天看过一个手工制作飞机模型的方案，很有意思，于是翻出了那本书，津津有味地看起来。时间不知不觉地过去了，爸爸妈妈过来催促刘洋早点写完作业好好休息。刘洋看了看摊在桌上的只做了一半的作业，叹了一口气："唉，时间怎么就不够写作业的？"

是刘洋不用功吗？是刘洋不自觉学习吗？是刘洋笨吗？其实都不是。问题在于刘洋没有很好地规划时间，做事情不够专心，所以效率比较低下。因此重要的是应该制订一份周密可行的学习计划，并严格按照计划去执行。

后来，在妈妈的帮助下，刘洋制订了一份合理可行的学习计划，从此以后，刘洋的这些"烦恼"统统解决了。不仅生活变得有条理起来，刘洋的成绩也显著提高了。

做任何事情都应该有条理、有计划，只有这样事情才能够有条不紊地进行下去。而做事有计划是一种习惯，在孩子的成长教育过程中要有意识地帮助孩子养成这种习惯，这是一件对于孩子的一生都非常有意义的事情。

做事有条理不仅是一种做事的能力，更是一个人性格的一部分。高尔基说："不知明天该做什么的人是不幸的。"提高计划观念和计划能力，能使孩子成为有条理地安排学习、生活、工作的人。这种计划观念和计划能力，每个孩子都应该学习和具备，这对他们的一生都有好处。

让孩子做事有条理是每一位家长朋友的良好愿望，然而真正付诸行动却没那么简单。因为即使是大人也很难做到有计划地去做每一件事，更别说自制力相对来说还比较差的孩子。所以说，培养孩子做事有计划的习惯，既是培养孩子，同时也是在锻炼家长。家长应对孩子从小用心进行培养。

1.建立合理的作息制度

玲玲刚上小学一年级，最近，妈妈发现玲玲有些不对头，常常是想起什么做什么，做不到三分钟，又想做别的事情。结果所有事情都是乱七八糟的，没有一件事情能做好，有时候还会把妈妈折腾得焦头烂额。

于是，每天晚上睡觉之前，妈妈都会来到玲玲房间，问她明天准备做些什么。开始玲玲摇头，"等明天再说吧。"她总是这样说。妈妈做玲玲的工作，说："明天再说可不行，如果你明天想吃冰淇淋，妈妈买不到怎么办？你把想做的事情都提前想好了，明天妈妈好替你安排。" 妈妈这么一说，玲玲开始认真去想，但总是想起这个忘了那个，不够全面。妈妈说："这样吧，今天妈妈先帮你计划一下，明天晚上你再照着妈妈的计划想后天的。"玲玲也觉得这样比较好，答应了。接着，妈妈帮助玲玲制定了第二天的计划：早晨8点起床，10分钟穿衣服，收拾卧具，10分钟刷牙洗脸，20分钟吃早餐……妈妈说着，玲玲听着，小脑袋一个劲儿地点头。

第二天，在妈妈的监督下，玲玲有计划地做了一天事情。晚上睡觉的时候，妈妈问她："玲玲，这样有计划地做事是不是很好？"玲玲由衷地点头。妈妈就说："那好，现在你就把明天要做的事情想好，然后告诉妈妈。"玲玲想了一会儿，把第二天想要做的几件事罗列出来，然后把每天需要做的事情加在一起，就形成了一张计划表。

后来，玲玲渐渐养成晚上睡觉之前，把第二天要做的事情想一遍的习惯，第二天再做起事来，非常有条理。她现在已经不用妈妈提醒了。

有规律的生活是培养孩子做事有条理的重要前提。父母应根据孩子的年龄特点和家庭条件，把每天起床、睡觉、做游戏、看动画片、学习及家务劳动的时间都固定下来。教孩子做事时，一定要交代清楚什么时间去做什么事情，怎样才能做好这件事，应注意些什么问题。做到要求明确，检查及时。

2.帮孩子制订计划

林颖的女儿叶青青学习成绩一直不理想，为此她没少操心，因为女儿已上初中了，如果学习成绩再上不去，将来想上重点高中就没希望了。

一个偶然的机会，林颖听同事说他的儿子考上了重点大学，全得益于从小学开始，在每学期开学前都制订一个学习计划的缘故。于是，林颖也决定帮助女儿制订一个学习计划，因为叶青青从小学到初中就从未制订过类似的学习计划书。

林颖把自己的想法告诉了女儿，女儿很是高兴。在妈妈的帮助下，青青制订了一份学习计划书。计划书如下所示：

1. 学习目标。

(1)继续发挥英语的特长，参加英语兴趣小组，并参加全校的英语竞赛，在上学期英语成绩在班上名列第9名的基础上，争取超越4个人，进入前5名。

(2)物理成绩一直不理想，自学时要向物理倾斜，争取使物理成绩进入班上前15名。

(3)化学成绩虽然一直处于中上等，但是在实验课上动手能力不强，因此在以后上实验课时要主动配合老师和同学做实验，用心记录实验现象与数据，争取使化学成绩提升到班上前5名。

(4)语文成绩虽然是强项，但不能掉以轻心，要加强阅读和理解记忆，并保持班上前5名的成绩。

2. 具体措施

(1)每天晚上抽出40分钟学习物理，并做一些练习题；

(2)每天早上读50分钟英语单词，增加词汇量；

(3)星期六上午用一个小时预习化学；

(4)星期六下午去图书馆看课外书。

学习计划书制订好后，青青便按照计划去学习，除特殊情况以外，她都能按照计划执行。学期结束时，她的成绩果然有了显著提高，各门功课都达到了预期的目标。

生活中，有很多孩子做事没有计划，想起什么做什么，往往是做了这件事，忘了那件事，到头来什么事情也做不好。孩子做事没条理没计划，说明孩子的逻辑思维能力不强，处理问题缺乏系统性。所以，父母要教会孩子做事之前有计划。

3.培养孩子做事有条理的习惯

生活中，父母应该随时留心观察孩子，看看他做事是否有秩序，是否知道先做什么，然后再做什么。通过观察，如果发现孩子这方面能力差，应立即给他指出来，并告诉他无论做什么事都要按步骤完成，做完一件事再做另一件事。如果有许多事情要做，必须先安排好顺序。

有一位爸爸是这样教孩子有条理地做事的：

这位爸爸是一位收藏爱好者，他发现自己的女儿做事非常没有条理，常常是乱放东西，用的时候又拼命地找。为了使女儿养成做事有条理的好习惯，这位爸爸就想出了一个好办法。

有一天，爸爸对女儿说："一个人如果爱好收藏，他就会感到很快乐。"

女儿有些怀疑地看着爸爸，说："是吗？那应该收藏一些什么呢？"

爸爸说："什么都可以，比如你喜欢画画，那就可以收藏各种美术作品。"

女儿说："那很容易，我会收集好多好多画片的。"

谁知，爸爸却说："'收'容易，'藏'就不容易了。"

女儿有些纳闷了："怎么不容易？"

爸爸说："'藏'就是会分门别类，就是要学会条理化。"

然后，爸爸就给女儿介绍了国际上流行的一种藏书条理化的"资料十进分类法"。这个分类法就是把所有的资料由粗到细分成类、纲、项、目四个层次，每一层次以0到9为记号分成10等份。于是，全部资料便可分为10类、100纲、1000项、10000目。

爸爸告诉女儿，"类"代表知识体系，"纲"代表专门知识，"项"代表专业，"目"代表形式。例如，知识可分成10类：A.哲学；B.历史；C.社会科学；D.自然科学；E.工程、技术；F.产业；G.艺术；H.语言学；I.文学；J.总类（即不包含在以上九类之内者）……

在爸爸的指导下，女儿把自己的图书分门别类地整理了一下，而且把经常要使用的书放在比较醒目的地方，把暂时不看的书放在其他地方。这样，她就做到了心中有数，在寻找图书的时候非常方便。

更重要的是，女儿在爸爸的指导下学会了做事有条理，她开始注重自己安排事情，比如，书包整理得非常有条理，语文课本、数学课本都是按顺序摆放的，只要把手伸进书包摸到第几本书就知道是什么，再也不用拼命翻书包了。

培养孩子做事有条理是一个漫长的过程，只要父母坚持要求，反复强化，不断激励并加以督促引导，就能使孩子养成做事有条理的好习惯。

纠正孩子不能持之以恒的坏习惯

有这样一个小故事：

开学第一天，大哲学家苏格拉底对学生说："今天咱们只学一件最简单也最容易做的事。每人把胳膊尽量往前甩。"说着，苏格拉底示范了一遍，并问道："从今天开始，每天做300下，大家能做到吗？"学生们都笑了，这么简单的事，有什么做不到的！过了一个月，苏格拉底问学生们："每天甩300下，哪些同学坚持了？"有90%的同学骄傲地举起了手。又过了一个月，苏格拉底又问，这回，坚持下来的学生只剩下80%。一年以后，苏格拉底再一次问大家："请告诉我，最简单的甩手运动，还有哪几位同学坚持了？"这时，整个教室里，只有一人举起了手。他就是后来成为古希腊另一位大哲学家的柏拉图。

柏拉图的成功就在于他做到了别人没有做到的事——坚持。谁坚持了，谁就成为成功者；谁半途放弃，谁就将以失败而告终。

生活中，不论做什么事，如不坚持到底，半途而废，那么再简单的事也只能功亏一篑；相反，只要抱着锲而不舍、持之以恒的精神，再难办的事情也会迎刃而解。法国伟大的启蒙思想家布封曾经说过："天才就是长期的坚持不懈。"我国著名的数学家华罗庚也曾说："做学问，做研究工作，必须持之以恒。"的确，无论做什么事情都需要坚持下去，学习更是如此。学习知识的过程不是一个轻松简单的过程，需要长时间的不断地学习和积累才会显现成果。

晋代的大文学家陶渊明隐居田园以后，某一天，有一个读书的少年前来拜访他，向他请教求知之道，看看能否从陶渊明这里讨到获得知识的绝妙之法。

见到陶渊明，那少年说："老先生，晚辈十分仰慕您的学识和才华，不知道您在年轻时读书有无妙法？若有，敬请授予晚辈，晚辈定将终生感激！"

陶渊明听后，捋须而笑道："天底下哪有什么学习的妙法？只有笨法，全凭刻苦用功，持之以恒，勤学则进，怠之则退。"

少年似乎没听明白，陶渊明便拉着这少年的手来到田边，指着一棵稻秧说："你好好地看，认真地看，看它有没有在长高？"

少年很是听话，就蹲下来看那稻秧，可是他怎么看，也没有看见稻秧长高，便起身对陶渊明说："晚辈没有看见它长高。"

陶渊明道："它不能长高，为何能从一棵秧苗，长到现在这等高度呢？其实，它每时每刻都在长，只是我们的肉眼无法看到罢了。读书求知以及知识的积累，便是同一道理！天天勤于苦读，也无法发现今天知道的比昨天知道的知识要多，但天长日久，丰富的知识就装在自己的头脑里了。"

说完这番话，陶渊明又指着河边一块大磨石问少年："那块磨石为什么会有像马鞍一样的凹面呢？"

少年回答："那是磨镰刀磨的。"

陶渊明又问："具体是哪一天磨的呢？"

少年无言以对，陶渊明说："村里人天天都在上面磨刀、磨镰，日积月累，年复一年，才成为这个样子，不可能是一天之功啊，正所谓冰冻三尺非一日之寒！学习求知也是这样，若不持之以恒地求知，每天都会有所亏欠的！"

少年恍然大悟，陶渊明见孺子可教，又兴致极好地送了少年两句话：

"勤学似春起之苗，不见其增，日有所长；辍学如磨刀之石，不见其损，
日有所亏。"

锲而舍之，朽木不折；锲而不舍，金石可镂。学习贵在持之以恒，日积月
累的知识才能由量变达到质变。

但现实生活中，不少孩子做事没有恒心，缺乏持久性，常常半途而废。
例如，在课堂上听课，只能在前20分钟专心，后20分钟就无法继续坚持；在每
一个新学期开始时，为自己制定一个学习计划，最初几天还能完全按照计划学
习，到后来却渐渐松懈，最后甚至完全舍弃了原订的学习计划；做作业一遇到
疑难问题就打退堂鼓；写作文的时候，通常前几段文字书写得非常工整，到后
面就渐渐变得潦草凌乱，以致成了无人能识的"天书"；原打算坚持每天晨
读1小时英语单词，刚开始有新鲜感还能坚持，过一段时间就不坚持了，放弃
了……造成这种现象的一个相当重要的原因就在于，在学习中缺乏一个"恒"
字，一种持之以恒的精神。

学习中的半途而废对学习效果影响极为严重，同时，更不利于孩子健康、
规范、严谨的学习素养的形成，它所造成的后果不仅严重，而且遗患无穷。
因此，每个家长对孩子不能掉以轻心、视而不见或迁就放任，要引起足够的
重视。

对大多数孩子而言，他们之所以不能坚持下去，主要就是缺乏坚韧不拔的
毅力和有效的方法。对此，教育专家认为，家长应该在如下方面教育和培养孩
子坚持不懈的精神：

1.鼓励孩子坚持到底

父母应经常告诉孩子，坚持就是胜利，坚持就能成功。对孩子坚持做事的
习惯，家长应给予及时鼓励，要求并督促孩子将每一件事情做完。

丽丽是一个初二的学生，她每个学期都会为自己设立许多学习目标，
但是许多目标都被她中途放弃了。

一星期前，她制定了一个学习500个英语单词的学习目标，每天的学
习目标是10个单词，每星期50个单词，星期四和星期日用来复习。但是这

个目标确立不到两天，她就开始抱怨："我的功课太多了，这个学习目标对我来说太不符合实际了。"

父母鼓励她："一天10个单词，只需要半个小时的时间。只要你坚持下去，一定可以做到的。"

在爸爸妈妈的鼓励下，丽丽终于坚持下去并顺利达成了学习500个英语单词的目标。

孩子做事没有意志力，常常半途而废，因此父母应该及时为他们加油鼓劲，鼓励他们坚持到底。

2.帮孩子树立一个由易而难的目标

对毅力不很强的孩子来说，在帮助他们确定奋斗目标、选择实现这一目标的突破口时，一定要注意从实际出发，由易而难，循序渐进，切不可妄想"一锹挖口井，一口吞个饼"。孩子有时半途而废是因为目标定得太高，根本无法实现，所以家长要帮助其在事先确定一个合乎实际的目标。

儿童教育家曾经有过这样形象的比喻：假定要求孩子到果园里摘取长在高不可及的树枝上的苹果，孩子会望树兴叹，随后失去信心，放弃摘苹果的欲望；如果让孩子摘那些伸手可及苹果，孩子很快就会厌倦摘苹果的活动；但是，如果让孩子去摘那些需要稍微跳一跳才可以够着的苹果，孩子会从摘苹果的活动中获得很多乐趣，并且将摘苹果的游戏不断地进行下去。

可见，给孩子制定目标应该恰当好处，既不能定得太低，也不能定得太高——太低，孩子会失去兴趣；太高，孩子则因难以实现而选择放弃。因此，确定的目标必须与孩子的年龄、经验、能力水平相适应，是孩子在经过自身的努力后能够实现的，唯有如此，才能激励孩子去进取，培养孩子持之以恒的韧性。

3.培养孩子的兴趣

心理学研究发现，孩子对有兴趣的事情，往往做得比较好，他们能在遇到困难时坚持不懈。获得诺贝尔物理奖的丁肇中教授说："我经常不分昼夜地把自己关在实验室里，有人以为我很苦，其实这是我的兴趣所在，我感到其乐无穷。"所以，父母要想办法培养孩子的学习兴趣，有了兴趣便不愁他学不好。

比如，孩子在学习数学时，会觉得一个又一个的公式很烦琐，演算起来也很困难。这时，你可引导孩子想到数学中有很多规律，规律之间互相联系，组成许多新的规律，让孩子为学到新的知识而高兴。总之，家长应尽量引导孩子去发现学习中的乐趣，引导孩子遇事都去想它的积极一面，这样，就会发现学习以及很多其他事情都是有趣的。孩子只有善于发现学习中的乐趣，才会对学习感兴趣，学得更好。

4. 家长要监督、引导、鼓动孩子

孩子都有惰性，在学习的过程中，免不了偷懒而停下来，或者在学习中遇到解决不了的问题而沮丧颓废，以至放弃。因此，家长应对孩子的学习过程进行监督、鼓动，并适时给予指导，帮助他们克服惰性、克服软弱、增强信心，保持学习的连续性。长期坚持下去，孩子就会养成持之以恒的习惯，也就不会出现半途而废的现象。

5.为孩子做出表率

1998年11月，地中海边的一座小城——西班牙的奥罗佩萨，世界国际象棋儿童分龄组冠军赛正在这里紧张地进行着，来自82个国家和地区的选手中，一位中国小姑娘最引人注目，她在已赛完的前九轮较量中唯一保持全胜，提前两轮飘然捧走了16岁年龄组比赛的冠军奖杯。"这是新的奇迹，中国人天生会下棋！"在这位中国小姑娘无可争议地夺冠后，一位西班牙资深棋手感慨地说。

这位小姑娘就是王瑜。她的成功，与父亲王振虎的悉心培养密不可分。

学习棋艺是一个枯燥乏味而又异常艰苦的过程，时间一长，小王瑜难免有些厌倦。为了鼓励女儿坚持不懈地学下去，王振虎常常跑遍津京书店，搜集国际象棋书籍，每买到一本新书，王振虎都要在书的扉页上摘抄一两条名言警句，有时甚至不辞辛苦专程赶到北京，只为给女儿求得棋界名人的一句赠言和一个签名。王振虎将自家的生活费压了又压，多年来，夫妇俩没添过一件新衣服，家里没添过一件家用电器，但无论生活多苦，王振虎也从未动摇过支持女儿学棋的决心。

父亲面对困难的勇气和坚持不懈的态度深深地感染小王瑜，她暗下决心，一定要努力学成棋艺，早日替父亲分忧。工夫不负有心人，几年之后，她不但拥有了父亲那些优秀的品质，还获得了巨大的成功。

有句俗话："上梁不正下梁歪。"如果想培养孩子持之以恒的韧劲，那么"上梁必须正"，父母必须以身作则，无论处理什么事情，都要认真、圆满地完成，做孩子的表率。很难想象，一个三天打鱼两天晒网的家长会培养出一个有恒心的孩子。孩子养不成坚持的习惯，多数是因为家长做事也是虎头蛇尾，所以要想孩子学会坚持，家长要以身作则，要有坚持性。父母做事的态度很大程度上影响着孩子做事的态度。如果父母今天要求孩子学习绘画半个小时，明天自己忘了没有要求孩子练习绘画，后天又有什么事给耽误了而不管孩子当天有没有练习，长此以往培养孩子的毅力就变成一句空话。

让孩子养成勤奋学习的好习惯

有这样一个小故事：

有三个高中一年级的同学，到电脑城游玩时，在一台电脑前做了一个智商测试。

甲某首先进行智商测试，电脑显示：你的智商直逼爱因斯坦，前途无量。甲某高兴万分。接着乙某的智商测试结果也出来了：你的智商有如常人，请多多努力。乙某不愠不恼。最后轮到丙某进行智商测试时，电脑显示：你的智商不及格，一切努力徒劳无益。丙某沮丧悲伤。

从电脑城回来后，丙某下决心努力学习，奋发向上；乙某见丙某勤奋，也跟着加倍努力；只有甲某天天欣赏着自己的智商，坐等"前途无量"的结局。

三年后，丙某考上了北京某著名学府，乙某也考上了省内的重点大学，甲某却名落孙山。他们又到电脑城进行智商测试，结果与上次完全相同。这时丙某哈哈大笑，乙某仍不愠不恼，甲某却羞怒万分，一拳砸在电脑上。电脑挨了一拳，屏幕显示："打我没用！智商不等于成功，勤奋才是关键！"

由此看来，成功与智商两者没有必然联系。智力是一种前提条件，要想创造辉煌的人生，还要依靠后天的勤奋努力。

成功与勤奋是一对孪生姐妹，成功是在勤奋的汗水里一点一滴地积累起来的，是在勤奋学习的过程中逐渐汇集出来的，绝没有突如其来的辉煌，勤奋的过程就是走向成功的过程。

然而现在，不少孩子缺少勤奋学习的习惯，他们怕苦、怕累、怕繁、怕难，不是硬性任务不去做，不到考试不复习。有的还常常猜题和作弊，或者花钱雇同学代自己做作业。这样学习成绩必然下降，脑子必然生锈。

人们常说："不怕学不成，只怕心不诚。"学习其实并不难，关键在于你是否用心。诚心去学习、勤奋地去学习，就没有什么是学不成的。古今中外历史上取得成就的人，莫不把学习看作是自己的本分，抓紧一切可以利用的时间读书学习。他们对待学习就像蜜蜂采蜜那样不辞劳苦，日积月累，最终取得伟大的成就。而有的人总是企图依靠自己的小聪明来取得好的学习成绩，这当然不可能持久。爱因斯坦在总结自己成功的经验时说："天才是百分之九十九的汗水加百分之一的灵感。在天才和勤奋之间，我毫不迟疑地选择勤奋，她几乎是世界上一切成就的助产婆。"无论你自认为是聪明或愚笨，只要你拥有了勤奋，你将战无不胜。因为在勤奋的积累之下，一切的差距都会被填补，一切的优势都会被颠覆。

在剑桥读书的孟雪莹就是一个靠勤奋学习获得成功的例子。孟雪莹是一个勤奋的女孩，她最看不起那些守株待兔、凡事总想不劳而获的人。

在她小时候爸爸妈妈就用"头悬梁，锥刺骨"的勤奋读书故事来教育她，她听得特别认真。上学以后，她每天早晨6点半起床，在庭院里晨读半小时，7点钟吃完饭上课，11点半放学回家，中午午睡一小时，晚上6点半就去上晚自习，一般都自习到11点半才上床睡觉。她的饮食起居都很有规律，而且她始终保持着这样的规律。由于在教室里上自习，一方面有老师的辅导，另一方面大家在一块学习，也比较有气氛，所以，孟雪莹每天晚上都坚持去学校上自习，有时候即使身体状况不好，她还是执意要去上自习。孟雪莹小小的年纪就对勤奋有着自己的看法，读高中时，她在日记本里这样写到：理想好立，目标好定，但难的是实现目标的过程。人多多少少有点惰性，在目标确定时，信誓旦旦，但真正实施目标的时候，却只是三分钟热情……学习的确是一件苦差事，作为一名学生，每天早上月亮还在天上，我们就得背着书包去上课，晚上月亮都已经挂在天上的时候，我们才能往家走。所以说，我们事实上是一群很难见到太阳的人。在高强度的学习压力下，只有锻炼好自己的毅力，刻苦勤奋，才能在成功的路途上迈出坚实的一步。

孟雪莹在日记中是这样写的，在实践中也是这样做的。有一次她患了重感冒，还在发烧，晚上她还要坚持去上自习。鉴于她身体的情况，爸爸妈妈不同意她去，但是她一副很洒脱的样子，说自己的感冒已经好多了，所以一定要去上自习。上完自习回来，上床休息之前，她还一再嘱咐妈妈第二天早晨6点半如果她还没有起床的话，就务必叫她起床，因为自己还没有背书。这些小事情虽然琐碎，但是就是这样的小事才能真正体现一个人的刻苦勤奋的优良品质。孟雪莹后来成功地走进剑桥大学，令人羡慕，其实那光环的背后都是极其普通的勤奋刻苦的琐碎小事。正如孟雪莹自己在日记中说的："成功的取得更大程度上是依赖于在实现理想过程中，谁付出的勤奋和汗水多一些，谁的毅力更强一些，谁坚持更久一些。"

勤奋是成才的钥匙，是成才的第一推动力。具备了勤奋这种可贵的品质，孩子就会自强不息、顽强奋斗，就等于成功了一半。勤奋不仅包括了学习时的态度，也包括学习专业知识时注重的深度和广度，还包括广泛涉猎教科书以外的知识。一个孩子掌握知识的多与少，完全取决于他的勤奋程度。所以，家长应从小教育孩子拥有勤奋好学的优良品质。

1.帮孩子克服懒惰的毛病

懒惰是孩子在学习中的天敌。学习懒惰的孩子喜欢成天闲荡，听课精神不振，不爱做作业，也不愿意温习功课，这显然对孩子的学习和成长是不利的，父母应该想办法克服孩子在学习中的懒惰。

（1）激发孩子的学习兴趣，帮助他们逐渐形成积极的学习态度和学习情绪，增加学习动力，使学习过程变得更加轻松愉快和有效。

（2）要帮助孩子克服依赖性，还得在多种场合提倡他自己的事情自己做。比如，让他独立地解道数学题、独立准备一段演讲，独立地与别人打交道，等等。

（3）教育孩子有责任感。什么时间干什么事，要有明确目标，力争今日事今日毕，不要等明天。

2.对孩子的勤奋努力表示赏识

周玲不是一个十分聪明的孩子，甚至比别的孩子还显得笨一点，别人学10分钟就会的东西，周玲也许会花半个小时才明白。为此，他的父母曾为此非常担心，孩子以后会学习好吗？能跟上其他孩子的学习进度吗？周玲上小学了，就在父母都认为周玲不会有什么好成绩的时候，周玲却带回了一张100分的试卷。这是一张数学测验的试卷，上面被老师画满了红色的勾勾。

"这是你的卷子吗？"妈妈有些不相信，她吃惊地问周玲。"当然是我的，不然还会是谁的啊！"周玲自豪地对妈妈说。"周玲真不错，告诉妈妈你是怎么考出这么好的成绩的？"妈妈问道。

"老师讲课的时候我经常听不太懂，所以下课之后同学们都出去玩，我就把不懂的地方拿去问老师，老师再给我讲一遍，我就全懂了！做作业的时候如果有不会做的题，我就把老师讲的课再复习一遍，不会做的题也就会做了。所以考试的那些题目我都会做，就考了100分。"周玲高兴地对妈妈说。听了周玲的话，妈妈更自豪了，虽然自己的孩子算不上聪明，却如此好学和努力。

好孩子是夸出来的。父母赏识孩子的勤奋行为，孩子就会变得更加勤奋。父母可抓住适当的时机，通过言辞，承认孩子的努力、耐力和勤奋。

3.通过劳动培养孩子的勤奋的习惯

勤奋不仅表现在学习上，更表现在工作和劳动上。当孩子走上社会后，勤奋就直接表现在工作中。因此，父母要有从小就通过劳动来培养孩子勤奋的好习惯。

巴甫洛夫的父亲十分重视孩子的劳动教育。他认为，给孩子一双勤劳的手就好比给了孩子一双立足于社会的脚，没有什么事情是比拥有勤劳更让人愉快的了。

当小巴甫洛夫逐渐长大的时候，父亲把巴甫洛夫带到地里，指着一块翻好的地说：

"儿子，今天我们来种菜吧。"

"可是爸爸，我不会呀。"小巴甫洛夫说。

"没关系，不会爸爸教你。"

于是，巴甫洛夫抬着小铲子跟着爸爸种了一天的菜，过了不久，当他们种下去的菜都长出了鲜嫩的叶子，父亲又带着巴甫洛夫来给菜浇水除草。

后来，父亲又教巴甫洛夫学做木工活。爸爸买来了凿子、锯子，先给儿子做了个精美的小板凳，然后告诉儿子板凳是怎么做出来的，小巴甫洛夫便跟着爸爸认真地学了起来。没多久，小巴甫洛夫就可以自己做简单的家具了。

除了亲手教巴甫洛夫学习种菜、做木工活外，父亲还教他养花、除草、给树木嫁接。巴甫洛夫在父亲言传身教的影响下，从小养成了不怕苦、不怕累、坚持自己动手把活干完的良好习惯。这种从童年培养起来的勤劳和耐性，成为巴甫洛夫在科学事业上取得巨大成功的重要因素。

从小培养孩子的劳动习惯，对于孩子的成长是极有好处的。劳动不仅锻炼了孩子做事的能力，对其以后的成长和发展有决定性的作用。

要求孩子养成整理书桌和学习用品的习惯

哈佛商学院调查显示：学校中课桌收拾齐整的孩子，成绩大都名列前茅，因为整理使得他们学会了规划、学会了耐心。所谓心无积尘，面目清明。

对孩子来说，一个干净整洁的书桌能够使他们心情更为舒畅，注意力更为集中，效率也会变高。然而，不少孩子会抱怨说平时学习忙，没多少时间整理书桌，熟不知杂乱的桌面会降低学习的效率。

有位老师曾经说过，他走进教室，基本上就能看出来，哪个学生的成绩好，哪个学生的成绩不好。因为成绩好的学生，他的课桌总是整整齐齐的。上课时，他能从容地把这堂课要用的课本、笔记和练习册拿出来。的确，整洁的书桌，不仅让人赏心悦目，而且可以提高孩子的学习效率。

但现实中，很多孩子的书桌上常常是一团糟。有的孩子很不注意收拾自己的书桌，各种小摆设、吃剩的食物、早已不再使用的文具、书籍，堆得满满一桌子。有的孩子还喜欢在桌面上张贴人物照片、娱乐海报，或者一些自我激励的警句格言，不论是放得整整齐齐，还是横七竖八，自以为很有气氛，实际上它们不断刺激视觉，都会影响学习。

研究表明，放在桌面上的东西，学习的时候会不由自主地进入视线，而且有些物品还会引发无限的遐想，成为思想开小差的诱发因素。当孩子全神贯注学习之时，要保持注意力长期集中，本身就是件很不容易的事，一段时间后，即使没有干扰因素，也会产生疲劳而转移注意力。书桌上摆放着许许多多与学习无关的东西，无异于加速注意力分散的进程，干扰着正常的学习。

一个星期天，罗琦去表姐家做客。表姐热情地款待了她，并将她请到自己的房间。刚一进房间，罗琦顿时眼前一亮，天啊！表姐的书桌可真干净，一本本书摆放整齐，没有多余的物品，各种学习用品都放在合适的位置。罗琦暗暗地在心里想起了自己那乱七八糟的书桌，那些被她扔成一堆的书本、文具，还有满满的杂物，顿时羞红了脸，没再多说一句话。

回家后，罗琦给妈妈介绍了表姐的书桌，并问道："表姐把书桌收拾得那么干净，对学习有帮助吗？"

妈妈说："当然了，书桌是你每天学习的地方，只有给自己准备一个整齐、干净的学习环境，你才能够更加专心地学习，提高学习效率啊！"

"那我也想有一个干净的书桌，妈妈，你教教我该怎么整理吧！"

于是，妈妈给她讲解了一些整理书桌的简单的方法。罗琦照做后，发现书桌上果然整洁干净了许多。慢慢地，她养成了整理书桌和学习用品的习惯。她发现整理后做起事来方便多了，而且写作业的效率也大大地提高了。

事实表明，只有把书桌收拾到位，才能够有章有法地去学习和生活。所以，学习用品的整理要有规律，书本存放在书包里或书桌上要有一定的次序。东西存放无规律，要用时东寻西找，心烦意乱，极易影响学习情绪；做作业不讲条理，东一榔头西一棒槌，学习效率就低。

对于刚刚走进校园的孩子来说，更应该培养整理学习用品的好习惯。现在的孩子由于多数是独生子女，家长们往往会把孩子的事包办代替，这样就使学生哪怕愿意去实践也没有机会。因此他们整理物品的能力都较差，常常是丢三落四的，经常会为找不到东西而着急。

教育家陶行知说过："有序之环境促成有序之习性，有序之习性促成理想之学习。"整理桌子使之井井有条，可以营造一个有序的学习环境，它对增强学习效果，提高孩子的学习成绩有着举足轻重的作用。

书桌，是孩子的第二副面孔，隐藏着孩子的未来生活。想让孩子成绩优秀，从管理孩子书桌做起吧！

1.培养孩子收拾东西的习惯

研究表明，一个不会整理物品的孩子，说明他的逻辑能力较差，缺乏条理性，成绩很难提高。而能够把书桌整理好的孩子，更能规范自己的行为，培养出自律的好习惯。

小强是小学三年级的学生，他的作业并不多，但总是写几个小时还没有完成，妈妈觉得很奇怪。一天，她去小强的小书房，发现孩子的小书房几乎成了玩具房。原来小强把所有的玩具都拿到了书房，各种各样的玩具、漫画书、作业本、文具横七竖八地躺在小强的书桌上。他写会儿作业就拿起漫画书看一会儿，或者拿起玩具车玩一会儿。妈妈立即要求小强把所有的玩具放回自己的卧室，然后把所有的书本和文具都摆放整齐。当小强把这一切收拾完毕后，他一脸不高兴地回到书桌前开始写作业。

妈妈耐心地开导他：如果你边写作业边玩儿，玩也玩得不开心，作业也写不好。小强听完后，觉得妈妈说得很有道理，便开始认真地写作业。在妈妈耐心的监督下，小强终于养成专心致志的学习习惯。

父母平时要经常教育孩子把东西放置有序，使孩子养成自觉收拾东西的良好生活习惯。父母要做到坚决不放过任何一次不按规定办的行为，只要发现一次，就要立即督促孩子按规定摆放收拾好。有时候，孩子因乱塞乱丢而找不到自己的东西，父母先不帮孩子寻找，"惩罚"孩子感受一下不按顺序摆放的后果，然后再帮助孩子。

2.教会孩子清理书桌的方法

父母可以引导孩子按以下步骤进行清洁：先进行一次彻彻底底的大扫除，将不需要的物品全部收好归位，与学习无关的东西都应在清除之列，不论是喜欢的还是不喜欢的，都暂且忍痛割爱，至少不要放在书桌上。如果有什么可以激励自己学习的物品，需要放在书桌上的，也要精心设计，不要随意摆放。要使自己的书桌十分清洁、整齐，留有足够的空间读书作业。有的社会学家认为，人需要一定的心理空间，这个空间太小会极大影响人的情绪，而心理空间与自然空间又有天然的联系。因此良好的学习环境直接决定着我们的学习心态。接下来，要花费一些时间和精力好好整理一下自己的各类书籍。对于要放在书桌上的书籍，一定要排放整齐，同时要分门别类地排列。课本、参考书、练习册、作业都清清楚楚，一目了然。需要使用时，随手一拿就可以准确地找到需要的东西。总之，如果能整理出这样一张书桌，实际上也就是掌握了一种更先进的学习方法，形成了一个更有效的学习习惯。

3. 父母要率先垂范

父母的一言一行对孩子的影响较大，而且这种影响往往是潜移默化的，在收拾整理东西方面也不例外。通过调查发现，家中干净整洁、物品摆放有序的家庭，孩子的习惯也很好；反之，家中经常杂乱无章，孩子的习惯也不好。所以，父母是孩子的第一任老师，父母怎样做，孩子便会怎样学。

主动学习，不用父母督促

很多孩子在学习上都缺乏自觉性，总是要让父母三催四请才肯学习，以这样的态度去学习又怎能学好呢？只有从小培养主动学习的习惯，才能积极进取，取得好成绩。

学习是一个漫长的过程。只有孩子自己想学，愿意主动付出努力，才有可能得到最好的结果。苏联的一个教育家说："家长和教师通常都犯的错误是，他们不了解学习是脑力劳动，脑力劳动所特有的规律是劳动者必须处于主动的状态。"要想让你的孩子学习达到理想的状态，你必须把他激发到他自己想去学习，而不是你逼迫他去学习。

著名教育家叶圣陶曾经给老师们上过这样一堂课：他抱来一只大公鸡放到讲台上，然后撒了几粒米，按着公鸡的头让公鸡吃米。结果，公鸡躲躲闪闪，说什么也不吃。后来，他把公鸡放开了，在地上撒了几粒米，自己走到一旁，公鸡一会儿就跑过来自己啄米了。叶圣陶对老师们说："我们的教育就像喂这只公鸡。按着孩子，让孩子被动学习不会有好的效果。我们要调动孩子的积极性，让孩子主动学习才行。"

所谓的主动学习其实就是一个主动探索的过程，不是被动地接受书本知识，而是独立地进行研究和分析，得出自己的结论。

"主动学习"是相对于"被动学习"而言的，这是一种高品质的学习状态，最大的特点是发挥学生的主观能动性。学生在指导下，能主动积极地参与到学习中来，根据自己的学习能力、学习任务的要求，积极主动地调整自己的学习策略和努力程度，从而完成学习任务。理论和实践都证明，发挥学生学习的主体作用有非常重要的意义。

如果说被动学习是把知识往孩子的脑袋里灌，那么主动学习就可以算是做学问，通过阅读、研究、分析、比较，让自己掌握的知识更系统、更充分、更扎实。这就像是给自己心中的知识树浇水施肥，看着它逐渐茂盛起来。两者的差别在于，一个能在自己心里扎根，另一个只能留下暂时的记忆。从效果上来看，主动学习的效果更好；从效率上来说，主动学习的效率更高；从难易程度上来看，条件反射式的题海战术和强化训练，等于是用做十道题的时间，来找出一道不会做的题目，并且在发现不足之后，孩子的脑力体力都近于衰竭，即使当时能死记硬背记下题目解法，只要稍加变化，结果还是不会。而主动学习，则是把全部时间用来弥补自己的弱点和漏洞，当然能更容易取得好成绩。

主动学习的习惯是在学习过程中经过反复练习形成并发展，成为一种个体需要的自动化学习行为方式。良好的学习习惯，有利于激发学生学习的积极性和主动性，培养自主学习能力，使孩子终身受益。

1.让孩子知道学习是为了自己

学习是孩子自己的事，让孩子明白这一点比什么都重要！

自从林晗上学以来，林晗的妈妈就好像失去了自由。因为她要为儿子检查作业，否则儿子把作业应付完就不管了；她要为儿子收拾书包，否则他会丢三落四；她要准时叫儿子起床，否则儿子上学会迟到……

一天，一位教育学家的一句话点醒了林晗的妈妈。这句话是："学习是孩子自己的事，你能逼他做功课，直到他大学毕业吗？"

于是，一次晚餐后，林晗的妈妈一本正经地与儿子深谈了一次。她这样告诉儿子："孩子，长久以来，我为你做作业伤透了脑筋，但一直没有效果。现在我决定了，读书是你自己的事情，你必须学会自己为自己的事情负责了。"

林晗看着妈妈坚决的态度，还是有点儿不信，他决定试探一下妈妈。

一天，妈妈下班回家，看到林晗拿着语文课本在客厅里一边看电视一边看书。妈妈没有像往常那样勃然大怒，逼着孩子回到自己的房间里去看书，而是开始忙自己的家务。

一会儿，林晗沉不住气了，跑过来对妈妈说："妈妈，我们明天要考语文。"妈妈"嗯"一声，没有再理他。林晗又说："可是，我还没有看呢。"妈妈还是"嗯"一声，没有理他。林晗有点儿失望地对妈妈说："妈妈，你怎么不理我呀？你是不是不关心我了呀？"妈妈放下手里的家务，认真对他说："似乎你希望我逼你去看书，我当然希望你能考出好成绩了，可是学习是你自己的事情，要不要去看书，你自己来决定。"

当父母过多地参与孩子的学习时，孩子就会认为学习是父母和他共同的事，甚至于完全是父母的责任。既然什么事情父母都替他想好了，他也就用不着操心了。这一点，其实是父母教育孩子的大忌。所以，父母应当使孩子认识到：学习是他自己的事。

2.帮孩子树立学习目标

学习目标是孩子学习的努力方向，正确的学习目标能催人奋进，从而产生为实现这一目标去奋斗的力量。美国近代心理学家布鲁纳说过："要使学生对一个学科有兴趣的最好方法，是使他感到这个学科值得学习。"帮孩子树立学习目标，可以激励孩子超越自我，成为他们自觉主动地学习，且不断前进的巨大精神力量。

周恩来同志小时候学习十分刻苦，学习兴趣始终很浓，成绩十分优秀，就得益于他有明确的学习目的、端正的学习态度。1911年年底，周恩来在沈阳东关模范学校上学。一天，魏校长亲自为学生上修身课，题目是"立命"。正当魏校长讲到精彩处突然停顿下来，向学生提出一个问题："请问为什么读书？"教室里鸦雀无声，没有一个学生回答。"如果没有人回答，我就一个个问了！"魏校长走下讲台，指着前排一同学说："你为什么而读书？"这个学生站起来挺着胸脯说："为光耀门楣而读书！"魏校长点点头，又问第二个学生，回答是：为了明礼而读书。第三个被问的学生是一个靴铺掌柜的儿子，他很认真地回答说："我是为我爸而读书的。"同学们听了哄堂大笑。校长对这些回答都不满意，摇了摇头又到周恩来面前，问道："你是为什么而读书？"

周恩来站起身来，非常郑重地回答道："为中华之崛起而读书！"

"为中华之崛起而读书！"回答得多好啊！一句话，表达了周恩来从小立志振兴中华的伟大志向。所以，当他在法国勤工俭学时，乃至后来在艰苦的战争环境中还坚持学习，学习兴趣始终不减，力量就来自于这简短的一句话。

目标是学习的动力。只有明确学习目标，对学习产生浓厚的兴趣，才能完成学习任务。所以说，教育孩子确立自己的奋斗目标，是培养孩子上进心的非常重要的一种方法，是促使孩子自觉主动地学习的最佳途径。

3.营造良好的学习氛围

孩子的学习成绩是每位父母最关心的事情，但他们往往忽视了一个提高孩子学习成绩的重要因素，那就是家庭氛围。孩子的学习上进离不开良好的家庭氛围，良好的家庭氛围是孩子学习上进的保障。

周玲是一个爱学习、爱读书的好孩子。她的爸爸妈妈很重视对她的家庭教育。周玲刚开始上小学的时候，爸爸就立下了一条规矩：每天吃完晚饭稍作休息后，全家成员安静地学习一小时，谁都不能例外，并且要持之以恒。直到现在这个规矩还在发挥作用。每天吃完晚饭后，爸爸都会主动地关掉电视，拿出报纸或读物看，妈妈也拿出小说阅读。在这样的熏陶下，周玲当然也不甘落后了。她安心做作业，有时也会按照父母的指导看些有意义的书籍。这样的家庭环境让周玲养成了勤奋好学的好习惯，一直持续到现在。

可见，有什么样的家庭气氛，就会培养出什么样的孩子。给孩子营造一个热爱学习、积极向上的家庭氛围，一定会造就一个爱学习、求上进的好孩子。家长平时在家里可以多看看报刊、杂志，陪同孩子一起看书、学习，做好孩子自觉学习的榜样。"身教重于言教""其身正，不令而从"，看到爸爸妈妈对学习的态度，孩子也会潜移默化地受到影响，从而做到自觉学习。

4.激发孩子的学习兴趣

托尔斯泰说过："成功的教学所需要的不是强制，而是激发学生的兴趣。"兴趣是影响人的行动的重要因素，它能促使人喜爱从事某项活动，但有些孩子学习兴趣低落、学习自觉性较差，父母应当从培养和提高孩子的学习兴趣入手，要想办法改变孩子对学习是"父母逼我学"的状态，要让孩子能够变成"我爱学""我要学"的主动学习。

王琪不爱学习，做作业特别马虎，成绩当然不怎么样。但王琪也有自己喜欢的事情，就是特别爱好飞机，不管是战斗机，还是民用机、侦察机，各种型号的飞机他都清楚，俨然一个飞机情报专家。王琪不仅有丰富的关于飞机方面的知识，还喜欢做飞机模型，一做起来，几个小时都可以。

妈妈虽然支持王琪做自己感兴趣的事情，可是，妈妈也希望王琪能在学习上下点功夫。如果王琪对待学习能像喜欢飞机那样，学习成绩不会像现在这个样子。

妈妈想，既然王琪喜欢飞机模型，不如因势利导，把王琪喜欢飞机的行为动机引导到学习知识上。

此后，妈妈不仅支持王琪的这一兴趣，还给王琪找了许多关于飞机的资料和相关的书籍。王琪通过对各种飞机性能的认识，逐渐对数学和物理等知识开始进行深入学习，慢慢的，王琪也开始重视起学习来。

学习兴趣是推动孩子学习的一种最实际的动力，它能够促使孩子自觉地去学。父母要紧密联系孩子的生活实际，从孩子的生活经验和已有知识出发，创设生动有趣的情境，引导孩子观察、操作、交流等，使孩子通过活动，掌握基本的知识、技能，学会观察事物，思考问题，激发孩子对学习的兴趣以及学习的愿望。

让孩子爱上写作业

家庭作业是课堂学习的延伸，也是对所学的重点知识的巩固。孩子做好家庭作业，既是良好学习习惯养成的重要途径，也是搞好复习、理顺知识的最佳手段。然而，当今孩子厌学，不喜欢学习，不喜欢看书，不喜欢写作业，非常普遍。孩子的作业一般都要在家长的再三催促下进行，能够开心而又独立地完成作业者极少，尤其是小学生。

王宁是三年级的孩子，个子长得也高，俨然像个小大人。但是，他做作业却不认真、不细心。王宁完成作业的最后情景经常是这样的：匆匆忙忙地、飞快地将作业写完，不管对错，将铅笔往桌上一扔，像逃离魔鬼一样，迅速地离开书桌，跑向电视机前或奔向门外。书桌上，摊满了他的作业本、练习册、课本以及铅笔、橡皮。

通常是王宁的妈妈先将书桌整理清楚，将他的课本、铅笔盒等一一放入书包，然后再认真地将他的作业从头到尾检查一遍，用铅笔将错误的地方勾画出来，再将孩子叫回来改正。

对于妈妈指出的错误，王宁想都不想，也不问为什么错了，拿过来就改。时常，改过的作业还是错的。当他再被叫过来改错时，他就会不耐烦，大声嚷着问："你说应该怎么做？"于是妈妈只好教他应该怎么做。

显然，上例中的王宁不能独立认真地完成作业。

古人云：授人以鱼不若授人以渔。父母们与其天天看着孩子写作业，力求一时的完美，还不如放手让孩子自己去做，让孩子尝尝失误的滋味。然后，再给孩子指出错误所在、原因所在，教给他解决的方法。

让孩子认真完成作业是一个习惯养成的问题。在这个过程中，父母要扮演引导的角色，既要处理他在学习中遇到的问题，又要多对他进行鼓励，提高他写作业的兴趣。当然，父母指导孩子也要把握分寸，多以启发的方式为主。那么如何让孩子主动完成作业呢？

1.找出孩子不爱写作业的原因

了解孩子不爱写作业的原因是解决问题的关键。孩子不爱做功课可能缘于：（1）写作业是一种煎熬；（2）写作业对我没有好处；（3）写作业是老师和爸妈强迫我做的事情；（4）要做的功课我不懂；（5）做了功课我就没时间玩；（6）做与不做其实都没所谓，反正老师都不看的；（7）不做功课爸妈会更加紧张。你的孩子是什么原因而不做功课呢？家长必须要了解，不然你只能在旁边干着急。以上的7个原因，如果再加上家长在旁边的唠叨，那孩子就更加厌恶做功课。

2.让孩子学会劳逸结合

孩子在学校学了一天的知识，回到家后，可以适当休息一下，然后再写作业。比如，让他玩一会儿或者看一看有意义的动画片。而且，孩子每次写作业的时间不宜过长，因为大脑长时间高速运转，很容易出现思考问题缓慢、学习效率下降等问题。小学生写作业的时间一般应控制在30分钟至1个小时内。超过这个时间，父母可以让他休息一下，然后再写。

3.培养孩子良好的学习习惯

好的习惯对于一个人的做事成败有着关键的影响作用，因此，想要孩子学习更加优秀，学习更加自觉，就要培养孩子良好的学习习惯，包括锻炼孩子自己思考问题和检查作业的好习惯，培养孩子自觉主动完成学习任务的好习惯。

4.不要跟孩子唠叨

有的父母出于感情交流的需要，不愿让孩子在做作业时感觉被忽略，所以他们总喜欢在孩子做功课时对孩子问这问那。"做几道了？还有几道？"看起来似乎是关心孩子，殊不知这样不时地干扰孩子，弄得孩子无法集中注意力，思考问题的思路也是总被打断。因此提醒各位家长注意：不要在孩子学习时跟孩子唠唠叨叨。

5.适时地辅导孩子学习

成绩差和不爱做作业常常是连在一起的，孩子因为学习基础比较差，学习吃力，稍有难度的作业便不愿做，当天所学知识没有巩固，导致成绩差，学习跟不上其他同学，就对学习失去信心，从而便懒得做作业，如此产生恶性循环。因此，家长应正视孩子的能力，对学习的要求要循序渐进，当孩子成绩下降时，不要一味责罚，应适当加强辅导，尽力帮助孩子提高学习成绩，鼓励他克服学习上的困难，增强学习的上进心，使孩子的学习成绩逐渐提高。这样一来信心渐渐有了，做作业就变得主动了。

6.激发孩子写作业的兴趣

孩子天生就喜欢学习，但为什么到了做作业这件事情上就如此地让人抓狂呢？其实稍微想一下，我们也就明白了。孩子之所以喜欢游戏和玩具，是因为玩的过程可以随心所欲，不会受到太多的约束，想怎么玩就怎么玩。但做作业却不一样，父母为了让孩子建立良好的学习习惯，往往会给孩子各种各样的行为规范。在如此高压的约束之下，孩子当然不太可能喜欢做作业了。所以，如果家长能让孩子把做作业当成一种游戏或者玩具，那孩子很可能就会喜欢上做作业了。当然，作业本身就是一件费脑子的事情，自然无法和游戏相提并论，但父母至少可以做到让孩子"轻松"去做。

7.找个榜样激励孩子。

当孩子不想写作业的时候，父母可以给予适当的刺激，促使孩子全力以赴。例如：××同学早就写完作业了，他要是知道你还没完成一半，一定特别得意。听到这些，孩子内心的斗志就会被激发，但不要过于刺激孩子，父母应当把握好"度"。

8.让孩子先做擅长的功课

很多孩子一提到写作业就"头疼"，实际上，真正令他们"头疼"的是不擅长的功课，就像人们常说的："我一想起××事情就头疼，都没心情做其他事情了。"两者道理是一样的，所以，父母应当鼓励孩子先做好擅长的功课，这样不仅节约时间，还能建立起孩子的自信，能够令他们更好地完成其他功课。

9.家长应言传身教

让孩子养成做作业的习惯，父母应该从自身做起。比起让孩子做作业，父母帮助孩子建立良好的学习态度则更加重要。当孩子不讨厌学习，自然也不会讨厌做作业了。父母不妨反思一下自己是否起到了一个好榜样的作用，或许家长可以在家里尝试设立一个"家庭时间"，在这个"家庭时间"内，大家都在书桌前做自己的事情，不能去看电视或者玩电脑、手机。孩子在耳濡目染之下，也较容易养成自觉做作业的习惯。

培养孩子检查作业的习惯

作业是学生对头脑中知识的检测，任何错误都意味着自己的漏洞和不足。而及时检查，能够通过学生自己的努力，最大限度减少错误，从而提高学习的信心。然而，如今一些孩子做完作业之后，把检查作业的任务交给父母，而父母也欣然接受。虽说检查作业是一件小事，但是如果孩子不注意这个细节，就容易养成不好的学习习惯，对孩子的学习是没有好处的。

小严是个活泼聪明的小姑娘，学习成绩棒，还很能干，妈妈每次谈起孩子总是特别高兴。

可是最近一段时间，妈妈因为孩子的学习问题有点不开心。

一次聊天时，她特别无奈地说，孩子不去自己检查作业，每次作业完成了，老师要求家长签名的，她就趁机提出要家长帮忙检查的要求。

一个学期下来，自己都不去检查作业。这不，期末考试的时候就是因为不主动检查，答完了卷子后一直傻坐着，有几道错误很明显的题目就这样被放过去了，而这些错误的题目都是小严平时会做的，就是因为马虎，而做完题目又不检查，考试成绩自然也就不理想了。

像小严这样的情况不是"个案"，试想，考试中要想取得好成绩，不认真做好检查能行吗？

很多孩子到家第一件事是完成家庭作业，但很多孩子把做作业当成一件任务来完成，根本就不去检查作业的完成情况。而把检查的工作交给父母。久而久之，孩子在做作业时变得马虎随意——反正错了父母会告诉自己。

甘露的女儿晓琳有粗心的毛病。在做完作业或考试做完试题后，往往不愿意去检查或不会认真地去检查。

为了帮助晓琳改变这种情况，甘露想了很多办法。

晓琳读小学时，老师要求家长每天要为孩子检查作业并签名。晓琳一般都比较听老师的话，一定要甘露检查。甘露和丈夫都很忙，经常要加班，往往是甘露回到家时晓琳已经睡了，第二天她又很早就去学校。大家见不到面，就靠留言条互通信息。甘露在检查中发现，晓琳太粗心了。难做的题，一般不会错；很容易的题、不该错的题，反而做错了。甘露和丈夫约定，凡是检查到作业一处错误，就在留言条上画一朵蘑菇，有两个地方错了就画两朵，依此类推。但甘露不指出她究竟错在哪里，要让她自己把做错的题找出来。

第二天早上，晓琳才能看到甘露画的蘑菇。因为早上上学前的时间很紧，要自己找出错题并改正，往往时间不够，如果不改好，回到学校交作业，交一份有错的作业给老师，晓琳又觉得很不应该。她因此紧张了几天。甘露便提醒她说："如果你自己做完作业后，认真细心地检查一遍，

就不会这么紧张了，对吗？"以后晓琳开始每天自我检查作业。晓琳开始
自我检查时，仍然是粗心的，因为要自己找出自己的错，对大人来说都不
是一件容易的事情，更何况是孩子。所以，晓琳的作业本上好长一段时间
仍然有几朵蘑菇，但蘑菇的数量从五六朵逐步减至三四朵，几个月后，再
从三四朵变为一两朵了。而从一两朵到零的变化，就要更多的时间了。

　　让孩子学会自我检查，等于让孩子又重新复习了一次。不仅可以使孩子从
粗心变为细心，还可以让她对知识加深理解和认识，使他所学到的知识更加扎
实，思维更加严谨。因此，让孩子做完作业后，多检查一遍是很有必要的。
　　检查作业是每个孩子都应该掌握的一种学习能力，也是他们学习过程中必
不可少的一项素质，检查作业可以培养孩子细心、一丝不苟的好品质，会让孩
子在学习中更专心、更认真。
　　好的学习习惯远比成绩更重要。让孩子养成检查作业的习惯，父母要讲究
教育策略。那么，父母应该怎样帮助孩子养成自觉检查作业的习惯呢？
　　1. 让孩子知道检查作业是他自己的事
　　要让孩子明白，检查是自己的职责，不要指望别人的帮助。如果孩子自己
检查，只是应付地看一遍，然后跟你说："妈妈，没错，我检查过了。"一看
就是在敷衍。家长可以给孩子规定一个检查的时间，例如10分钟，对孩子说：
"我们一起来找错误，看谁找得快！"如果你先找到，不要说错在哪里，可以
说："有差错，我已经发现了，你自己去找，看你本领如何？"待孩子全部找
到差错后，再签字并表扬，让孩子懂得：找到差错也是一种成功。
　　2. 不要直接指出作业中的错误
　　当孩子检查完作业后让父母再次检查时，父母不要一边检查一边给孩子
指出错误，这样只会增加孩子的依赖心理。父母应该在检查之后，对孩子说：
"我看出一些问题，你自己检查一下，看看咱们找出的问题一样不一样。"如
果孩子找出来了，父母要鼓励孩子下回一次性做对；如果孩子找不出来，父母
可以直接给孩子指出错题，但不要说出正确答案，而是让孩子自己更正。这样
时间一长，孩子就会逐渐养成谨慎、细心的学习习惯。

行动起来，帮孩子克服拖延磨蹭的习惯

　　磨蹭和拖拉，可以说是人类的一大天性。每个人都会有拖拉的毛病，孩子们当然也有，孩子有这个坏习惯并不可怕，关键是父母要帮助孩子及时改掉这个坏习惯。

　　琳琳上小学四年级了，学习成绩并不十分出色。妈妈认为她学习不好的原因是干什么事总是磨蹭，该急的时候也不急，起床浪费时间，写作业半小时能完成的，她能拖延两个小时，妈妈为此说过琳琳，要她珍惜时间。琳琳总是"左耳进，右耳出"，妈妈为此也很烦恼。

　　许多父母都有着与这位妈妈同样的苦恼：孩子动作太慢，做起事情磨磨蹭蹭，慢条斯理，消耗不必要的时间，降低做事的效率，尤其是穿衣服和吃饭等生活自理方面，显得极为磨蹭。

　　磨蹭和拖沓是很多孩子都有的坏习惯，也是很多父母头疼的问题。孩子在学校里，如果做作业的速度太慢，就会影响学习、休息和正常的娱乐活动；考试的时候动作太慢，往往还没有做完就到了老师收卷的时间，导致成绩下降；运动的时候动作太慢，就往往不能战胜对手，让别人领先。这些都会使孩子承受巨大的心理压力。

　　孩子为什么做事磨蹭？有的与孩子的性格有关，有的和孩子的生活习惯有关，有自身的原因，也有外来因素的影响。比如，孩子贪玩、受到不应有的干扰、因问题难以解决而犯愁犹豫，这都可能造成孩子拖拉、磨蹭的习惯。动气不如动心，花心思帮助孩子找出原因，对症下药，帮助孩子改正做事拖拉磨蹭的习惯，才是合格家长的做法。

为了克服孩子拖延的毛病，一位父亲是这样做的：

我知道儿子在这个年龄段做事最容易拖拉，于是我提前给儿子打"预防针"，我经常这样问他："如果到了该锄草的时候，农民不去锄草，会出现什么情况？"

"那杂草会在田地里越长越多，最后会影响收成。"儿子认真地说。

"那如果今天应该做完的事情，很多人却常常会拖到明天去做，会出现什么情况？"

"那这些人只能是越来越懒惰了。"

"那如果这种情况发生在你身上，为了防止你变懒惰，爸爸应该如何帮助你呢？这样吧，你自己订一个规矩，告诉爸爸应该如何帮助你？"

"那好吧。"儿子一口答应了。

结果，儿子自己订下了以下这一规矩：如果以后我今天的事没有完成就想去睡觉，我赋予爸爸权力，爸爸可以这样对待我：提醒我把今天的事情做完，否则不允许我睡觉；如果我要赖，爸爸可以以后不理我，让我尝尝苦头；当然，爸爸最好是采取措施，让我快乐地把事情去做完。

有了这个规矩，儿子很少再出现拖拉的现象了，而且基本上已经做到了"今日事，今日毕"。

人的生命是有限的，做事磨磨蹭蹭，往往会浪费许多宝贵的时间，对于孩子也是一样的。因此，父母要善于帮助孩子改掉磨蹭的习惯。

1.帮孩子认识时间的价值

孩子做事磨蹭很大程度上也因为他还没有时间观念，他不知道时间对他来讲意味着什么，因此，培养时间意识对磨蹭的孩子来说是至关重要的。家长要想办法使孩子认识到时间是世界上最宝贵的财富，要想办法让孩子明白珍惜时间就是珍惜生命的道理，可以给孩子讲一些古往今来的成功人士十分珍惜时间的故事，还可以在孩子的卧室里张贴一些名言警句来提醒孩子。另外，家长还要联系生活、学习的实际，跟孩子讨论磨蹭的害处，使孩子认识到"时间就是生命，时间就是财富"的基本道理。让孩子明白在充满竞争的现代社会中，只有"飞毛腿"才会加快做事的速度，才可能受欢迎，"小磨蹭"将会被淘汰。

2.对孩子要多鼓励、少批评

在某种程度上来说，批评只会强化孩子"磨蹭"的心理，这不利于培养"做事快"的信心。如果在孩子做事迅速时，父母能及时表扬，可以增强孩子的信心，反倒有利于纠正磨蹭的毛病。比如，经常对孩子说，"真好，现在用不着老提醒你了，比过去进步多了""孩子，你如果再快一点儿就更出色了""太棒了，你看你做得多快"……

另外，父母还要注意，孩子做事情时，父母少唠叨。如果孩子在写作业、穿衣服、刷牙、吃饭时，父母不停地啰唆或插手处理，就会干扰他，让他无所适从，不仅影响做事进程，还会阻碍孩子自我能力的锻炼。

3.让孩子为磨蹭付出代价

郑源是个爱睡懒觉、做事磨蹭的孩子，每天早晨，妈妈叫一次不起，叫两次还不起，等到叫第三遍的时候才慢腾腾地起来，一看表，才知道时间不早了，就哭闹着让父母帮忙。

一个星期一的早上，妈妈叫了郑源一遍，就不再理会他了，过了一会儿，郑源自己爬起来，一看早就迟到了。但这次妈妈和爸爸商量好了，他们谁都没帮忙，郑源只好自己胡乱把书本往书包里一塞，就狂奔着上学去了。可想而知，最后迟到了，还没带家庭作业，让老师狠狠地训了一顿。从此以后，郑源动作快了许多，也不再睡懒觉了。

做事情时磨磨蹭蹭、拖拖拉拉是不少孩子的通病，他们经常不能在规定的时间内做完一件事情，而且自己一点也不着急。其实，孩子只有在品尝到磨蹭带来的不良后果后，才能够自觉地快起来。因此，让孩子为自己的磨蹭付出代价不失为一个改掉孩子磨蹭毛病的好方法。

小测试：孩子有良好的学习习惯好吗？

学习习惯是在学习过程中经过反复练习形成并发展，成为一种个体需要的自动化学习行为方式。养成良好的学习习惯，有利于激发孩子学习的积极性和主动性；有利于形成学习策略，提高学习效率；有利于培养自主学习能力；有利于培养孩子的创新精神和创造能力，使孩子终身受益。

本测试共16道题目，每题都有三个备选答案：A. 是 B. 有时如此（或不一定）C. 否

1.我会在固定的时间进行学习。（   ）

2.我学习时周围必须很安静。（   ）

3.我经常查用辞典、字典等工具书。（   ）

4.我学习时会有一些下意识的动作。（   ）

5.我在按自己制订的计划学习。（   ）

6.我在学习中有经常沉迷于空想的时候。（   ）

7.学习结束后，我会收拾书桌。（   ）

8.我有一边看电视一边学习的时候。（   ）

9.发回的试卷，我自己能认真总结、分析缺陷。（   ）

10.我经常"平时不烧香，考前抱佛脚"。（   ）

11.我认为自己的预习效果不错。（   ）

12.我不感兴趣的课程就不愿下大力气去学。（   ）

13.我对所学的知识能够立即复习。（   ）

14.即使有不明白的问题，我也不愿去办公室向老师请教。（   ）

15.即使有我喜爱的电视节目，我也要坚持完成当天的学习任务再去看。（   ）

16.我经常有对书本毫无兴趣而浪费时间的现象。（　　）

评分方法：奇数题选A记2分，选B记1分，选C记0分；偶数题选A记0分，选B记1分，选C记2分。将各题分数相加，得出总分。

测试结果：总分在27分以上，表明你的学习习惯非常好；22～26分，学习习惯较好；16～21分，学习习惯一般；15分以下，你的学习习惯很差，需要改正。

第三章
方法制胜：
掌握好方法，
孩子学习更优秀

教孩子树立自己追求的目标

社会心理学的研究表明，人类的所有行为都是在动机的驱使下产生的，而动机则是建立在人类及个体需要基础之上的。需要，就是人对某种目标追求和向往的欲望。孩子也是如此，其学习的积极性、主动性，刻苦钻研的精神，也是由对目标的追求欲望中来的。

目标是什么？是梦想，是希望，是动力，是成功的标尺。没有目的地的行走，既不能使行路人感到愉快，也不能激发行路人的动力，这样的行走没有意义。

有一年，一群意气风发的天之骄子从美国哈佛大学毕业了，他们即将开始穿越各自的玉米地。他们的智力、学历、环境条件都相差无几。临出校门，哈佛对他们进行了一次关于人生目标的调查。结果是这样的：

27%的人，没有目标；

60%的人，目标模糊；

10%的人，有清晰但比较短期的目标；

3%的人，有清晰而长远的目标。

以后的25年，他们穿越玉米地。

25年后，哈佛再次对这群学生进行了跟踪调查。结果是这样的：

3%的人，25年间他们朝着一个方向不懈努力，几乎都成为社会各界的成功之士，其中不乏行业领袖、社会精英；

10%的人，他们的短期目标不断实现，成为各个领域中的专业人士，大都生活在社会的中上层；

60%的人，他们安稳地生活与工作，但都没有什么特别的成绩，几乎都生活在社会的中下层；

剩下的27%的人，他们的生活没有目标，过得很不如意，并且常常在埋怨他人、抱怨社会、抱怨这个"不肯给他们机会"的世界。

上面这组数据告诉我们：在生活中，我们只有为自己树立一个清晰而长远的目标，才能取得丰硕的成果。学习也如此，目标是学习最强大的动力。明确、适宜的学习目标可以极大地激发孩子的学习兴趣，时时激励他们去努力追求知识，主动地学习。教育学家指出，人只要还在成长着，他就必须从一个目标走向下一个目标，没有了明确的目标，他的学习和成长便会停滞。而此时身边的每个人都在奋斗，都在进步，因此没有目标的孩子最终便会落后于他人，无论他曾经多么辉煌。

一位叫王涛的初三年级学生在一篇日记中写道：

表哥一直是我心中的偶像。他聪明，好学，肯吃苦，做起事来有始有终，从来不知道退缩。

去年表哥以优异成绩考入全国重点大学后，我更是下了决心要向表哥看齐。可是，寒假相见，我发现表哥变了，他变得没有朝气，得过且过，一副百无聊赖的样子。

我问他："读大学辛苦吗？"

他答道："不，辛苦倒谈不上，进了大学就没必要再像过去那样刻苦用功了。"

"不需要刻苦读书？"我很不解，表哥那么喜欢读书，进了大学不正好可以学到更多的知识吗？再说大学里有许多课外活动，又不像中学里管得那样严，可以做许多感兴趣的事。

"唉，你不知道。从小学开始到高中毕业，我就一直有个目标，要好好学习，将来考上名牌大学。现在已经进了大学，你说我再那么拼命干什么？我们好多同学，有的忙着谈恋爱，有的想办法打工挣钱，有的整天上网聊天。不过我自己却不知干什么好，有时感到很无聊。"

"噢？……"

读了王涛的这篇日记，做家长的应该有什么启发呢？怎样才能使孩子不断努力学习下去呢？

王涛不明白表哥和他的大学同学何以会这样，其实，许多大学生这种整天混日子的行为是一种缺乏生活目标和远大理想的表现。

没有理想和目标，就无法生活得"有意义"，就无法健康地成长，更不可能成为一个坚强的人。

人生在世需要有一个目标，有了这个目标的指引，你就会感到肩上的责任，你就会有一种使命感，你就不会随意浪费一分钟，你就不会无所事事，你的学习生活就一定是充实且富有成效的。

真正在学习上表现得特别出色的学生，一般情况下，他们都为自己设定了明确的学习目标，并在目标的指引下努力学习，最终取得了优异的成绩。有一些研究表明，完成同样的学习任务，如果学习者学习目标明确比没有目标可以节省60%的时间。

目标是行动的指南。在孩子人生的漫漫征途中，假如没有一个切实具体的目标，那么他们的行动就会变得盲目和徒劳，最终不免打击孩子的进取心和坚持不懈的士气。因此，父母要首先让孩子学会制定切合实际的目标，然后坚持到底。

1.鼓励孩子树立远大的理想

上六年级的小海在妈妈眼里是个很乖的孩子，可是小海却没有自己的理想。每当有人问他"你的理想是什么"时，小海都会很干脆地回答："不知道，我没什么理想。"

妈妈很担心小海照这样发展下去，长大后会迷失自己的方向，所以决心引导小海树立远大的理想。

有一天，妈妈看到小海在看电视，正好少儿频道正在播放动画片《成龙历险记》，于是妈妈走过去，轻声地问小海："在这部动画片里你最喜欢谁？"小海说："当然是成龙了，虽然他只是一位考古专家，可是他有很高超的武功和神奇的精神魔力，在寻找咒符的过程中总能战胜恶魔。成龙很厉害！"

听到小海的回答，妈妈决定以现实中的成龙为例子，引导小海树立远大的理想。所以妈妈就对小海说："现实中的成龙更厉害。成龙小时候的理想就是要做一个有爱心的人，长大后要帮助很多很多的人。现在，成龙取得了很高的成就，也是个很有爱心的慈善家，所以他得到了世界上很多人的喜欢和尊敬。"

这时候，小海说："妈妈，我也要成为成龙那样的人。"妈妈很高兴地对小海说："对，小海真是个有理想的好孩子。成龙能有今天的成就是因为他有远大的理想，并且一直在为自己的理想而努力。""那我也要像成龙那样，为自己的理想而付出自己的汗水。"小海如是说。

理想是人们对美好事物的追求，是经过努力可能实现的奋斗目标，没有理想的人只会平庸一生。作为父母，引导孩子树立人生的理想与追求，有着重要而特殊的意义，它可以激励孩子超越自我，自觉主动地学习，成为孩子不断前进的巨大精神力量。

2.帮助孩子设置一个适宜的学习目标

生活中，有一些家长由于望子成龙心切，忽视孩子的实际才能，给孩子的学习目标定得太高。这样，孩子会因为目标无法实现而放弃。当然，为孩子制订的学习目标也不能过低，如果过低，孩子不经过努力很容易就可以达到，孩子的学习进步很小，甚至原地踏步，这个结果也不是家长所希望的。所以，帮助孩子设置学习目标要切合孩子的实际情况。只有学习目标适当，才能激励孩子主动地发掘自身的潜能，自觉地积极地去学习。

3.教孩子学会分解目标

列宁说过："要向大目标走去，就得从小目标开始。"父母在帮孩子制定目标的时候，要避免其过于遥远或者不太容易实现。父母不妨教孩子把大目标分割成小目标，鼓励孩子分阶段去实现小目标。当孩子通过努力实现了很多小目标以后，大目标也就实现了。

周玲放学回家时嘟着嘴对爸爸说："老师也真是的，一口气让我们完成30道题，我怎么做得完啊！"

爸爸说："这样吧，你每做完5道题就拿给我看看。"

于是，周玲坐在书桌前认真地做起来，很快就做完5道题送给爸爸看。爸爸赞扬了她一番，然后鼓励她再接再厉。就这样，周玲坚持把30道题做完了。

这位爸爸的聪明之处就在于建议孩子分阶段完成任务，这等于教孩子将单一的目标分解成几个小目标来完成。一口气做30道题对孩子来说是很困难的，这样的目标过大；而先做5道题这个小目标却是孩子轻而易举就能完成的。爸爸聪明地帮助孩子从心理上减轻了压力，从而使孩子认真、执着地学习。

在孩子制定目标时，父母不妨建议孩子把目标定得稍微低一点，以增强取胜的信心，然后教孩子努力实现每个小目标。例如，要孩子在一个月内记熟300个英语单词，可以安排每天记熟10个。这样把大目标分解成若干小目标以后，每天小目标就不难实现了；只要天天努力坚持下去，1个月以后，大目标自然就实现了。

制订学习计划很重要

制订科学的学习计划，是实现学习目标的必要条件。日本心理学家田崎仁曾说："一个人如果掌握了按计划学习的好习惯，对于将来升学就业、以后的学习和工作都是非常有益的……在学习方法上一旦养成了坏习惯，学习就会事倍功半。"可见，一份理想的学习计划能帮助孩子明确学习目标，合理安排时间，增强学习的自觉性和积极性、提高学习效率。

俗话说："凡事预则立，不预则废。"学习是一个漫长、艰辛的历程，如果做事之前心中没有清楚的打算，在学习过程中就容易产生倦怠感，甚至对学习产生抵触心理。很多学习优秀的孩子都会给自己制订一份可行的学习计划，虽然计划赶不上变化，但是如果孩子能够努力按照计划去学习的话，就一定会有所长进。

　　小龙是一个初三学生，做什么事都带有冲动劲，不过却是"三分钟热度"。他的同桌王艳是班里的尖子生，每次考试都是年级第一。

　　初三的下半学期，是中考的最后一个冲刺阶段。中考的时间越来越近，小龙也开始像同桌一样认真学习了。

　　可是，因为平时就不太用功，小龙感觉无从下手，而且他也没有学习计划，每天总是东一榔头西一棒槌，见同桌学什么，自己也跟着学什么。

　　经过一段时间的学习，学校进行了一次摸底考试，小龙感觉自己这一段学习得挺努力，应该进步不小，可是结果照旧，成绩依然非常不理想。

　　小龙感觉非常难受，他总觉得自己已经很下工夫了，为什么成绩还是上不去呢？这时候，他找到了班主任李老师，向班主任详细说了自己的情况。

　　班主任帮助小龙分析了一下原因。班主任告诉他说：学习是要有计划的，不是三分钟的热度就行的，踏实地坐下来学习才有效率，应该给自己每天订下一个学习计划，然后按照计划完成自己的目标，这样成绩一定会有很大的改观的。

　　在班主任的帮助下，小龙开始为自己制订计划，把时间一点一滴地进行积累。很快，他的学习就有了起色，到了中考的时候，一向学习不是太好的他竟然顺利进了一个重点高中。

　　在毕业晚会上，小龙对班主任表示了衷心地感谢，他说："老师，没有你的帮助，我不可能有现在的成绩，太感谢你了……"

　　班主任说："不仅我们学习要有计划，我们的整个人生都需要计划，只有按计划做事，才能找到自己的前进方向，不至于迷失道路啊！"

很多孩子成绩差、学习被动，一般都是因为孩子没有合理的学习计划。改变孩子的这种状况并不难，最简单的方法就是协助他们制订一个切实可行的学习计划。一个切实可行的学习计划，可以明确地告诉孩子具体时间应该具体做哪些事情。

美国当代教育家诺瓦尔曾说过："学习是一个计划性的活动。"对孩子来说，学习计划是实现学习目标的导航图，每一个想把学习搞上去的孩子，要做出的第一个实际行动，就是制订一个切实可行的学习计划。有了学习计划，孩子就会时时提醒自己：多玩一个小时，多聊一个钟头，将会完不成计划上的某项任务，根据学习上循序渐进的原则，将使整个计划中的许多任务受到影响。所以，这样可以促使他们非常地珍惜时间，不会随便地浪费时间。

有了学习计划，孩子对什么时间做什么事就会非常明确，不用临时动脑筋、费时间去想了，而缺乏计划性的孩子一旦坐下来，还要为该干什么事考虑半天，尤其在完成了作业以后，这种现象就更为明显，因此会造成很多宝贵时间的浪费。所以，切实可行的学习计划有利于学习目标的实现，可以磨炼学习意志，有利于好的学习习惯的养成，还可以减少时间的浪费。如果一个孩子想把学习搞好，就应该针对自己的情况制订一个长远的学习计划。

王丽刚读初一的时候，每天都要从早忙到晚。早晨6点起床，要在7点之前赶到学校上早自习。早上的第一节课都是在半睡眠的状态中度过的。

中午赶回家吃饭，吃饭后不敢睡午觉，总怕晚上写不完作业而一定要在中午抓紧时间。每堂课都在不停地记笔记。晚上回想一天的收获时，却发现是一片空白。记得第一次期中考试的时候，除了死记硬背和见过的题目之外，一律不会做。

为什么自己这么努力，成绩却不理想呢？后来，王丽找到了原因，她学习没有计划。于是，她下定决心为自己制定了一个时间表：

早晨5：30起床、洗漱、吃早饭

6：30早读，然后按学校安排上课，课间要到室外去散散步

中午12：00午饭、午觉

下午1：30起床、上学

2：00上课

晚上5：30放学后跑步20分钟回家

6：10～7：00预习英语(要记住新单词和读熟课文)

7：00吃晚饭

7：30自学数学和其他科目(其中，一定要注意查清自己没有理解的知识点)

9：00复习前一天学习的知识

注：每周末，要总结一次各科知识点，把自己做错的题目记在一个本子上，并且一定要注明当时做错了的原因。

逐渐的，执行这套学习计划成了王丽的习惯。终于，在期末考试中，王丽名列全班第一名。当同学们向她讨教学习经验时，王丽将其归功于学习计划。

每位父母都希望自己的孩子在学习方面有好的表现，可是如果孩子上课认真听讲，认真完成作业，成绩依然平平，你就应该看看孩子是否有合理的学习计划了。没有计划，学习就失去了主动性，容易出现东抓一把西抓一把、毫无头绪的现象，以致生活涣散，学习没有规律，不知道自己每天应该具体做些什么。日子往往就这样浑浑噩噩、稀里糊涂地过去了。而一份科学的学习计划表，白纸黑字，能对孩子起到督促的作用。想让孩子主动自发地学习，就先从制订一份学习计划开始吧。

1.弄清学习计划的内容

一份完整的学习计划通常包括学习目标、时间安排、具体的实施办法或措施等内容。制订学习计划时，家长一定要引导孩子充分考虑以下几个方面：

Why——为什么学习。即学习的目的和意义。这是孩子积极、主动学习的动力。

What——学什么，达到什么目的。即学习的对象及目标。这是学习计划的实质性部分。

Who——我是"谁"。即孩子的实际情况，例如，孩子的基础水平、学习能力、个性特点、学习风格、优势和弱项等。这是保证计划切实可行的重要前提。

Whom——向谁请求学习帮助，与谁一起学习。一个好的老师、一个学习能力强的学习伙伴，对孩子的学习都是极大的促进。

How——具体的学习方法和措施。这是确保学习计划得以实施的必要条件。

孩子的学习计划一定要符合他的能力和特点，父母不能从个人好恶出发，更不能照搬别人的计划，而是要根据孩子的学习水平、专注力等情况，与所制订的目标相适应，只有这样才能取得理想的效果。

另外，计划是需要自己来执行的，一定要由孩子自己来订。家长可以与孩子一起讨论，但最终的决定权一定要交给孩子。让孩子觉得这不是家长强迫自己在学，这是自己对父母许下的承诺，一定要努力完成，不让父母失望。

2.学习计划不宜过满

计划的具体内容和实施步骤是在学习之前拟定的，既然是设想，离现实就有一定的距离。要想把计划变成现实，孩子还要经过一段时间的努力。在这个过程中，孩子的思想可能会发生某些变化，学习的各种条件也可能发生变化，学习计划订得再实际，也难免会出现意想不到的情况。因此，为了保证孩子学习计划的顺利实施，学习计划不要写得太满、太死、太紧，要留有机动时间，在机动时间内可让孩子安排一些一旦完不成对当前学习影响不大的学习任务，或者说，安排一些时间性不强的学习任务。

一位妈妈帮11岁的女儿制订了很多学习计划，可是女儿的成绩一直不理想。一次，妈妈走进女儿的房间，发现她竟然趴在桌子上睡着了。这时，妈妈才发现对女儿要求太严格了，以至于都没有玩的时间了。妈妈调整了对女儿的要求，在计划表中加入了玩的时间。后来，女儿的成绩有了明显提高。

可见，父母在协助孩子制订学习计划的时候，一定要给他安排玩的时间，同时也要考虑孩子的实际情况，千万不要想当然。

3.监督孩子学习计划的执行情况

很多孩子都有这样的体会：订计划容易，执行计划难，到最后所订的目标很难达到。

刘娜上中学了，为了让她更好地投入到学习中去，父母督促她制订学习计划。她的计划是每天提前半小时起床，先读半小时的英语；放学后赶紧回家，先做完作业，如果有时间可以休息或看电视，吃晚饭后要预习第二天的功课。

刚开始几天，刘娜按照这个计划做得很好，但是后来刘娜慢慢就放松了对自己的要求了。

她回家就想看电视，做作业的时候总想着电视，早上又想多睡一会儿。因此，每周的学习计划和学习任务总是无法按时、按量完成。

制订了学习计划以后，孩子能不能很好地执行是关键。孩子缺乏坚韧的意志力，一遇到困难便很容易放弃自己的学习计划，因此，父母应该时刻监督孩子学习计划的执行情况。

对于孩子在执行学习计划过程中出现的问题，父母应该及时向孩子提出来，并且给他们提一些可行的建议。如果孩子在执行过程中出现懈怠时，父母应该及时鼓励他们坚持下去。

4.培养孩子及时调整学习计划的好习惯

学习计划制订以后不是一成不变的，在执行过程中，进行修改是很正常的。如近期有特殊任务，就需要对计划进行暂时调整；如果计划不现实或考虑不周密，就需要进行大的修改；如大部分计划项目无法执行，也可重新制定。但要明确一点，调整计划的目的是为了更好地学习，而不是为懒惰松懈提供方便。

林群刚刚读初二，本学期他给自己制订了严格的学习计划，可不幸的是，他在一次滑冰的时候不小心把脚扭了，在家里躺了一个礼拜。他面临的最大问题就是怎样能在病好后跟上学校的学习进度，不能越落越远。

　　林群躺在床上十分着急，原来的学习计划肯定不能继续用了。他一咬牙，下决心拼了！林群决定自学，把教材、参考书和习题集摆在床边，一门一门地攻。先读教材，再看参考书，最后做题。林群想，上课学习的目的也不过是为了做题，只要能把题做会了在家里自己学也一样。

　　结果，林群的这种自学方式比在学校听讲的效率还高。在学校，老师要照顾到水平不同的同学，讲的进度就不会太快，有时候他明白的问题老师会翻来覆去讲，有时候他没听懂的，老师反而一语带过。自学就不一样了，注意力更集中，学习的兴趣更浓，效率更高，时间当然也就更充足了。结果，他不光把习题集的相关题目都做了一遍，对那些做错的题目还能从头再做一遍，直到做会为止。对于实在想不通的问题，他会记下来，晚上给同学打电话请教。

　　病好之后，别的同学要帮他补课，林群摇摇手说：不用，我已经都学了。到测验一看，他的名次不但没有下降，反而上升了。老师让他介绍经验，他说：“非常感谢这次生病，让我学会了自学，我这才知道学习能有这么多的乐趣。”

　　俗话说得好：计划赶不上变化。人是活的，计划是死的，当实际情况出现了变化，根据需要及时调整计划，也是十分必要的。当学习成绩出现了偏科，就应该花更大的力气来弥补自己的不足；当因为生病等原因无法保证学习时间，也应该对学习计划进行调整，尽快把落下的科目补上；当计划执行到一个阶段以后，需要检查一下学习的效果，并对原计划中不适宜的地方进行调整，一个新的更适合自己的计划将会使今后的备考更加有效。

　　总之，切实可行的学习计划有利于学习目标的实现，有利于养成好的学习习惯，可以磨炼学习意志，还可以充分利用时间。如果你想孩子把学习搞好，就应该教孩子针对实际的情况制订一个学习计划。

如何记笔记才最有效

学会做课堂笔记是孩子积累知识的重要手段，是弥补记忆缺陷的最有效方法。但有一些孩子认为，反正教材上什么都有，上课只要听讲就行了，没必要记课堂笔记。这种观点是错误的。

鑫鑫是一个十分聪明的孩子，他的记忆力的确比一般人要高出很多，因此他自己慢慢地自傲起来。他很瞧不起那些在课堂上兢兢业业记笔记的同学，说他们是脑子太笨，是不得已而为之的，像他那样的聪明人就完全可以告别笔记了，一目十行，过目不忘，笔记对于他是多此一举的。班里人也没有什么话可以反驳他，因为下课的时候，大家一块回忆所学的内容，他居然都比记笔记的记得要清楚。时间就这样过去了，考试又一次来临了。聪明的鑫鑫失利了，他不再骄傲了，他的成绩只能勉强排在中游，这与他平时的宣扬有天壤之别。他弄不明白，为什么自己那么聪明，才考到这样的名次。

俗话说得好："好记性不如烂笔头。"事实表明，对于同一段学习材料，做笔记的学生比不做笔记的学生记忆效果要好得多。笔记可以帮助你克服大脑记忆方面的限制，能充分调动耳、眼、手、脑等各器官协同工作，符合多感官同时活动有利于记忆的原理。

课堂笔记是用来记录老师课堂所讲的知识点，是课堂精华的记录。对孩子来说，记课堂笔记伴随着学习的整个过程。它可以帮助孩子理清听课的思路、抓住听课的重点，并且为日后复习提供方便，更重要的是它能使孩子在学习时高度集中注意力，深入理解教师所讲的内容，从而提高学习效率。

攀枝花市华山中学的一位同学名叫石舸，以优异的成绩考入了北京大学，成为该校优等生中的佼佼者。石舸同学在回母校与同学们讨论其学习方法与心得体会时，最强调的一点就是自己从小养成的记笔记的习惯。并且，他还将自己从初中到高中6年来12个学期中所做的全部学习笔记赠送给母校，使同学们从中受到了学习中必须养成记笔记的习惯的启发。有位同学随手翻开了石舸同学一本语文笔记本，正好是有关古代精典短文《陋室铭》的学习笔记。石舸同学的笔记是这样记的（内容很精短）：

今天，语文老师高度评价这一课，并讲解了他的两点感悟。

感语一：小而精深，千古不朽，全文81字。

感悟二：斯是陋室，惟吾德馨。

精彩名句：山不在高，有仙则名，水不在深，有龙则灵，斯是陋室，惟吾德馨。

老师对此文的精彩板书：斯是陋室，惟吾德馨，何陋之有。此语乃本文中点睛之笔，道出了作者崇简、崇德，不图虚名，不求豪奢，淡泊名利，注重德行的生活情趣和高尚人品。

这位同学看了这篇笔记深受启发，决心从此重视记笔记，并养成这一良好的学习习惯。

可见，记笔记是一种十分有效的学习方法和记忆方法，养成记笔记的习惯对孩子的学习益处良多。

那么，孩子们应该如何记笔记呢？其实记笔记十分简单，只要告诉孩子，按照一定的要求做就行了。

1.培养孩子随手记录的习惯

妮妮的妈妈是一个能干的女性。对于烦琐的家庭事务，妈妈总是能游刃有余地处理。原来，妈妈有一个随身的本子当"助手"。每天晚上，妈妈都把第二天要做的事情一项一项地写在本子上。第二天，完成一样就及时划掉一样，并检查还有哪些没有完成，或者记录变动情况。妈妈也给妮妮准备了一个小本，培养妮妮随时记录的习惯。在妈妈的培养下，妮妮无论在家，还是在学校，做事、学习从来不会丢三落四。

也许孩子在小学低年级不需要做课堂笔记，但是父母要有意识地培养孩子在生活中"心有疑，随札记"的好习惯。孩子可以从这个小小的记录中感受到有条理、有规律的生活。这样，他就会很容易地把这个习惯应用到课堂学习中。

2.教给孩子做课堂笔记的具体方法

有的孩子面对记笔记不知从何下手，因此，父母要教给孩子做课堂笔记的方法。

（1）记提纲：一般说来，老师的课堂板书就是课堂学习内容的纲目。这些纲目是任课老师在特别了解教材内容基础上，根据教学体会写出来的，它基本上能反映授课内容的知识结构和要点。它有助于学生理解、掌握、复习新课内容和知识体系，所以，同学们不妨将它记在笔记上。

（2）记补充：老师在讲课时，除了讲解教材中的内容外，常常还会作些适当的补充，这些补充的内容融入了老师的心血，对于帮助同学们更好地理解教材内容，启迪思路，开阔视野，都是十分有用的。所以，同学们在熟悉教材的基础上，对老师补充的内容除了记在心上外，还要突出地记在笔记本上。

（3）记疑点：疑点是指对老师所讲的内容有疑问的地方。有的疑点源于老师的疏忽，有的则可能来自自己的理解错误或遗漏。同学们也应该把这些记下来，课后再求教老师，或通过自己思考来解除这些疑惑。

（4）记问题：一是学习时容易出现的问题，记下来提醒自己；二是课堂上没有弄懂的问题，便于课后弄懂它。

（5）记方法：老师在讲解例题时，常常会讲解解题的技巧、思路和方法。这些对于开发学生的智力、培养能力是十分有益的。学生们应将这些方法记录在册，并根据所记录下的方法进行理解、复习，并且日积月累，举一反三，这无疑会大大提高学生的思维能力。

3.提醒孩子课后要整理笔记

由于课堂上时间比较紧迫，老师所讲的一些内容当时可能漏记，书写也许会很潦草，所以记笔记时，不要把笔记本记满，要留有余地，以便下课后，要及时对笔记进行整理、归纳、补充。这样既可以提高听课效率，又能使笔记干净整洁、有条理，还是一种很好的课后复习方式，使复习更有针对性，从而收到事半功倍的效果。

4.告诫孩子要杜绝懒惰

有的孩子比较懒惰，自己在课堂上不愿意动手记笔记，下课之后去抄别人的笔记。父母可以对孩子讲，抄别人的笔记不利于锻炼自己的归纳、总结、整理能力，只有自己亲手在课堂上认真地记笔记，才能更好地理解、消化所学的知识。

复习是每天必不可少的学习任务

复习就是把已学的知识再学习、再温习，使知识巩固下来的过程。它是课堂学习的延续，是学习当中非常重要的一个环节，让孩子学会复习功课，不仅可以让孩子学过的知识得到巩固、加深和充实，还可以使孩子对知识的理解更具条理和有系统。

有一个关于验证记忆及遗忘规律的实验：把参加实验的学生随机分成A和B两组，两组学生学习同样的一段课文。

A组在学习后不复习，B组进行记忆规律复习。

结果A组一天后记忆率36%，一周后只剩13%；B组一天后保持记忆率98%，一周后保持86%。B组的记忆率明显高于A组。

从这个实验我们可以看出，不复习和科学复习的差距是非常大的。

关于复习的重要性，孔子曾说过："学而时习之，不亦悦乎"，"温故而知新，可以为师矣"。德国学者狄慈根则指出："重复是学习的母亲。"

从现代教育心理学的角度而言，复习的作用主要有四点：一是使获得的知识系统化。二是有利于对知识的进一步领会、巩固与应用。三是弥补知识上的一些缺陷。四是使基本技能进一步熟练。因此，父母应重视对孩子的复习习惯和复习方法的培养与指导。

柳敏在学习上很轻松，课间就好好地休息，中午通常都午休，吃完晚饭通常也不是立刻捧起课本，而是先适当休息十几分钟。她晚上从来不熬夜，每天早睡早起，而且早上也不像别的同学那样，只知道捧着书苦读，而是天天坚持出去跑步。

柳敏的学习计划，完全是自己制订的，执行过程中不需要父母监督，完全靠自觉。每天放学前的晚自习，她不是像别的同学那样先写作业，而是先把当天的学习笔记过一遍，看看有没有什么不理解的地方，有问题就向同学请教。放学的时候，别的同学已经写完一半作业了，而她虽然写得没有别人多，却已经把当天学到的知识消化吸收了一遍。因为基本都理解了，写作业的时候则很快，通常能在两个小时以内写完，最后再把当天的课程复习一遍。

正是因为学得比较扎实，因此老师讲新课的时候她理解吸收得更容易，课堂上也常常举手回答问题。期末考试的时候，柳敏得了全班第一。老师让她介绍经验，她说："很多同学都学得比我辛苦，花的时间比我多，但效果不一定是最好的。无论作业再多，我每天都坚持要把当天学到的知识复习两遍，尽量把自己的漏洞补上，这个习惯从来没有间断过。结果越往后学，就觉得越轻松。"

柳敏的学习方法可以用一句话概括，就是每天保证复习的时间来巩固自己学到的知识。在十分紧张的学习生活中，这确实是一种简便易行的办法，只要能坚持下来，会学得越来越轻松。

复习是对前面已学过的由新变旧的知识进行巩固，进行系统再加工，并根据学习情况进行适当调整。这个复习的过程不仅仅让人只是被动而简单地巩固记忆，还能从再学习中，经二次，甚至三次、多次的反复学习，获得第一次、第二次即前面的复习中未曾学到或者未理解、理解不深的新知识。这便是"温故而知新"。温，就是复习，故，就是已经学过的。温习旧的而获得新的知识。

复习是整个学习过程中十分重要的环节，是孩子对以前所学知识进行查漏补缺的过程，是对知识的再次梳理和系统化，是提高学习效率不可缺少的过程，它直接关系到学习的质量，所以父母一定要教会孩子复习的方法，还要引导和帮助孩子每天按计划进行复习。当孩子逐渐从复习中尝到甜头，才能养成好的复习习惯，自觉地按时复习。

1.及时提醒孩子复习功课

有很多孩子养成了一种坏习惯，只要做完老师布置的作业，就再不看书了，或上课时和书本见个面，下课就把课本往书包里一塞。等到下次上课，上节课老师讲的知识已遗忘得差不多了。所以家长应该注意提醒孩子及时复习，对新知识要"趁热打铁"，抓紧时间复习和巩固，写完作业再看看书，理一理知识条理。

2.教给孩子课后复习的方法

孩子放学回家，不要让孩子急于做作业，要让其先对当天所学的知识进行复习，将当天学过的知识浏览一遍，对重点笔记读一读、记一记，理顺所学的知识点，然后再动笔做作业，这样不至于孩子一遇到困难，又回过头来翻书、查笔记。也可以让孩子采取"过电影"的方式，在头脑中搜索一下课堂上老师讲解的知识，努力将所学知识回忆出来。若实在回忆不上来，再翻开课本或笔记阅读对照。让孩子知道，课后复习越及时遗忘越少。时间过长再复习等于重新学习，会花费更多的时间。除此之外，父母最好能够参与孩子复习的全过程，比如，和孩子一起思考数学题，交流彼此的解题思路。只有这样，才能了解孩子是否有知识漏洞。

3.让孩子注重多种形式复习

复习是对所学内容进行再一次的编排，这时候，如果只是机械、单调地重复往往会让孩子觉得乏味，也容易让孩子产生心理上的疲劳，也达不到复习的效果。为了让孩子可以更好地复习，父母可以指导孩子采取多种复习形式。如进行新旧知识对比，找出它们之间的异同点；对英语科目的复习，可以通过多种感觉通道协同活动，采取听、读、写、说、译等方式复习；对数学科目的复习，可以将熟记公式与做习题相结合；对语文科目的复习，可采用写纲要、概括中心思想与重点段落背诵相结合。复习是再学习的过程，采取多样化的复习要比单调重复更有利于加深理解，巩固记忆。这样不但可以促进孩子复习的效果，而且可以让孩子在复习中得到乐趣，促进孩子的学习兴趣。

4.让孩子合理地安排自己复习的时间

复习时间的分配对复习效果有很大影响。一般来说，复习的时间过分集中，容易互相干扰；时间过于分散，又容易发生遗忘。时间的分配要适中。对于需要机械识记的内容，分散练习比集中练习要好；学习复杂、需要思考的内容，则应该比较集中地来学习。对内容难，在缺乏兴趣和容易疲劳的情况下，还是分散复习为好。

所以对于复习的时间，父母应该让孩子合理地安排，一定要做到侧重重点和难点问题，还要兼顾到其他的问题。同时，还可以让孩子把文科和理科交叉着复习，这样，就可以让孩子做到有张有弛，提高复习的效果。

5.及时检查孩子的复习效果

父母在帮孩子复习时，一定不要给孩子压力感，否则，压力太大会影响他的复习效果。父母最好是让孩子在不知不觉中复习所学的内容，比如，在一起散步或者晚饭后聊天等一些轻松的时刻，父母偶尔出几道题目考考他。如果孩子表现得好，父母要及时表扬；如果不好，也要鼓励他再接再厉。

如何做好每天的预习工作

预习是学生在学习过程中一个必不可少的环节，对学习效果影响很大。一位优秀的初中生说："预习是合理的'抢跑'。一开始就'抢跑'领先，争取了主动，当然容易取胜。"

对北京市1000名初一至高三学生调查结果显示：重点学校有25%的学生、普通学校只有17%的学生能够达到预习要求。也就是说，至少有75%的学生没有预习的习惯。究其原因，在于他们没有真正认识到预习的好处。

一般来说，孩子不愿意"预习"有以下几种理由：第一，没有时间。认为每天上课与作业的时间就已经让人疲惫不堪了，预习更是一种负担。第二，认为预习的意义并没有老师所讲的那样大。认为预习进行与否并不会对作业、考试造成多大的直观影响。第三，不会预习。因为在他们看来，预习只是读书而已。反正课上还是要讲的，不管课上读书还是课下读书其效果都是一样的。

中国有句古话：凡事预则立，不预则废。这句话强调不管做什么事，要事先有充分的准备，学习更是这样。预习就是课前的准备，而且是最好的和最重要的准备。课前预习是一种行之有效的学习方法，它能明显地提高孩子学习的效率，激发孩子自觉学习的主观能动性，获得课堂学习的主动权。

王力同学是北京某重点中学学生。初二那年暑假，他听人说，暑假里预习下学期要上的课，开学后那门课就肯定能学好。他抱着试试看的态度，利用暑假提前预习了下学期要上的物理。果然，那学期他的物理成绩一直在班上遥遥领先。王力知道这是预习所起的作用，便更加重视预习活动了。

一个初三的学生原来学习很吃力，课后要花大量时间看书，还要不断地求助老师和同学，做作业的效率也很低，学习成绩一直难以提高，精神压力很大。不久，老师发现他在学习上有了显著的进步，情绪也大有好转。后来，老师在他的总结中找到了答案，他说："30分钟的预习，改变了我学习的被动局面。"值得一提的是，这位学生在中考取得了优异的成绩。

从上面两个事例可以看出，学习的关键在自觉预习，预习是培养自己自觉学习的好方法。事实表明，课前预习绝不是可有可无的，它是学习过程中的一个重要环节，在孩子的学习过程中，家长要给予高度重视。

苏联教育学家乌申斯基说过："预习不仅仅是简单地把书看一遍，而是有一定的注意事项需要你把握。"那么，具体怎么才能让孩子学会预习，养成预习的习惯呢？

1.让孩子学会控制预习的内容

预习主要是熟悉一下将要学到的内容，这样就可以在老师讲课的时候特别注意一下自己在预习时没有弄明白的地方，以此来解决自己在预习时所遇到的问题。但是，有的孩子在预习的时候往往不能够控制自己，比如，本来该预习一节课的内容，但是，他看着看着觉得有些地方非常有意思，于是就不能控制地继续往下看。这样往往不能达到预习的效果。因此，在孩子预习的时候，父母要适当地控制一下孩子预习的内容。父母要告诉孩子，预习的目的是为了要了解课文的主要内容是什么，有什么新的知识点，需要巩固哪些学过的知识，通过这课能够延伸学习哪些内容，等等。并不是说，预习就是只看一下课文讲的是什么故事，或者是课文的大概意思是什么。在孩子刚开始预习的时候，可以先选择一门或是两门科目进行，不要一下子让孩子预习太多，那是不会有效果的。

2.让孩子合理控制预习的时间

预习的时间要根据实际情况来安排，时间太长或者太短都不能达到最好的预习效果。所以，如果新课自我感觉难度较大，就可以多预习一些时间；如果难度较小，就不要在预习上浪费太多时间了。薄弱、吃力的科目时间分配要更多一些，其他的科目可以大致翻一翻。有时，也可以利用星期天将下星期要学的新课程统一预习一下，以减轻下星期每天预习的负担。对于小学低年级的学生来说，预习不宜过多，也不宜太深。否则，可能会觉得自己已经学会了那些内容，对听课就会丧失兴趣，养成不认真听课的习惯。

3.教给孩子课前预习的方法

做作业的效果，多取决于听课的效果，而听课的效果，很大程度上取决于课前的准备——预习。因此，父母平时要督促孩子对即将学习的内容进行预习，可以让孩子试试以下的预习方法：让孩子对照课程表，看一下第二天要上什么课，做到先通读教材，如有新公式、单词则多读几遍，留下印象；找出不能理解和不懂的知识点用笔画上问号，到上课的时候重点听这部分的讲解，加深理解；明天要学习的内容，看是否能用今天学习的知识去解决它，尝试着做一两道题目，看哪里有困难。

另外，什么事情都不能千篇一律，预习当然也不例外。不同的学科有着不同的特点，这些特点决定了各自的侧重点，因此，父母应当指导孩子选择不同的预习方法。比如，对语文的预习，首先要先解决生字、生词，然后再对段落大意、中心思想以及写作风格、写作手法等进行分析；而预习数学时，则应当重点预习即将学习的数学概念和原理。

4.督促孩子养成预习的习惯

孩子的自制力弱，要想让孩子养成课前预习的好习惯，必须靠父母的监督来保证。因此，最好是每天或每次孩子完成作业后，提醒孩子作新课预习。并且对孩子预习的结果进行检查。这就要求家长自己首先得付出一点时间，了解孩子的课程，知道他明天该学什么，让监督和检查有的放矢，这也是对孩子的一种帮助。

当然，督促不是让父母生硬地命令孩子，而是要善用技巧，引导孩子自觉地做出这种行为，比如，父母可以对他说"明天要讲第几课了？还有没有不认识的生字？""那些新单词你都掌握了吗？"等，从而暗示孩子去预习。

教孩子学会抓住听课的重点

有这样一个小故事：

从前，有个农夫赶着牛车经过岔路口，老牛只顾朝前走。农夫连忙跳下车子，想要叫牛后退几步。本来，他只要一手牵住牛鼻子上的缰绳，一手晃动鞭子，牛就会乖乖地向后退。可他很生牛的气，只管用双手扳住车子向后拖。而牛却拼命地朝前走。于是，一个向后拖，一个向前走，就在路上顶起牛来。这个农夫这样蛮干，结果不免要闯祸。

俗话说："牵牛要牵牛鼻子。"农夫当然明白这个道理，但为什么造成南辕北辙的局面呢，究其原因就是做事不善于抓重点。

事实上，很多孩子在学习中也犯过同样性质的错误。在课堂上听课，一定要抓住要点，否则，同样是听课，你的效率就会比别人低了许多。

曾有过心理与记忆实验：

让三组学生同时收听同一内容的录音带，规定A组全部记录，B组只听不记，C组只记讲授要点。结果A、B两组的学生只记住全部内容的37%，C组学生却记住了58%。从这个实验可以看出，抓要点，适当做笔记，效果最好。

对孩子来说，抓住听课的重点，能起到事半功倍的作用。一堂课45分钟，有的孩子上下来，很有收获，掌握了本节课老师讲解的重点和难点，在课下再稍微下些功夫，对知识就基本掌握了；而有的孩子同样是听了一节课，昏昏沉沉地下来，问他这节课讲了什么东西，竟然说不出个子丑寅卯来。这其间的差距就出来了，抓住要领的孩子很轻松地就掌握了知识，不得要领的孩子花了很长时间也无法掌握知识。因此，要想让孩子提高学习效率，家长就要教导孩子在听课的时候，千万不要眉毛胡子一把抓，要学会抓住听课的重点。

1.根据预习情况，抓住听课的重点

父母要教孩子根据课前预习的情况，重点听自己预习时没弄懂的部分，争取通过老师的讲解，把疑难点解决，学习老师讲解的思路。

2.抓住老师讲课内容的重点

父母要教育孩子善于抓住老师讲课中关键的字、词、句，注意老师是如何导入新课、如何小结，抓住老师反复强调的重点内容。一般来说，对于重点和难点，老师往往有语言上的提示，比如"这一点很重要""这两个概念容易混淆""这是个常见的错误""以上内容说明""需要记、画"等，这类词句往往就是在提示课文中的重点。注意这些词句有利于孩子迅速抓住学习中的重点和难点，提高学习效率。

3.提醒孩子注意老师的板书归纳

老师板书归纳的东西不仅重要，而且具有提纲挈领的作用。父母要提醒孩子在听清讲解、看清板书的基础上思考、记忆，并做好笔记，以便于今后复习。

4.提前帮孩子弄清每课的重点、难点

有的孩子可能会说，我不知道这次课的重点、难点是什么，家长就要帮助他们搞清楚，使他们心中有数，听起课来有的放矢、事半功倍，不至于一节课下来不知道学了什么。

小测试：你的学习方法理想吗？

学习方法是通过学习实践总结出来的快速掌握知识的方法。因其与学习掌握知识的效率有关，越来越受到人们的重视。

下面的问题，让孩子根据自己学习的实际情形，对所说的内容符合自己情况的选择"是"，不符合的选"否"，实在无法确定的可不选。

1. 我觉得学习是件有趣的事情。（ ）

2. 我经常感到睡眠不足。（ ）

3. 我很容易就能进入学习状态。（ ）

4. 我喜欢参加学校的集体活动。（ ）

5. 我觉得自己在学习有些压抑，时常被打扰。（ ）

6. 在学习上有困难时，我能得到家长的帮助。（ ）

7. 我觉得自己在学习上比较轻松。（ ）

8. 我对不喜欢的学科就不愿学。（ ）

9. 我经常与成绩好同学进行比较。（ ）

10. 我在学习上经常受到鼓励和表扬。（ ）

11. 我每天学习有固定的时间。（ ）

12. 我上课经常有听不懂的地方。（ ）

13. 我觉得学习主要就是上课和写作业。（ ）

14. 我听课能抓住主要的内容。（ ）

15. 我觉得自己学的知识不扎实，甚至前面学后面忘。（ ）

16. 我的作业都是独立完成的。（ ）

17. 我觉得补课没有太大的作用。（ ）

18. 我平时学得还不错，就是考不好。（ ）

19.我只要有时间，就会看各种书。（　　）

20.我会认真分析发回的试卷。（　　）

21.我知道自己什么时间的记忆效果最好。（　　）

22.我做过的题，有的过段时间又不会做了。（　　）

23.我觉得记单词、背课文很容易。（　　）

24.我遇到学习上不懂的问题会设法弄明白。（　　）

25.我觉得有些公式定理难记住。（　　）

26.我常与同学讨论学习上的问题。（　　）

27.我觉得许多不懂的问题只要多读几遍就明白了。（　　）

28.我在学习上常有些应付，或得过且过。（　　）

29.我考虑过自己的学习方法。（　　）

30.我经常独立思考一些问题。（　　）

评分标准：

2、5、8、12、15、18、22、25、28题选择"否"记2分，选择"是"记0分，没选的记1分；其他的题选择"是"记2分，选择"否"记0分，没选的记1分。

将各题分数相加，算出总分。

测试结果：

60～50分，学习方法良好，效率比较高，只要你学就会有出色的成绩，其实你现在的成绩就很不错。

49～30分，学习方法较好，学习效率一般比较好，你只要努力就能取得更好的成绩，但有时学习方法的缺陷，会让你的努力白费。

29～10分，学习方法一般，学习成绩时好时坏，也许你也找了一些原因，只是这个问题解决了，那个问题又来了，这时你最好的解决办法是从整体上改进学习习惯和方式。

10分以下，学习方法很原始，学习效率很低，如果不对学习方法有大的改变和提高，即使学习上花费了大量的时间和精力，也难有明显的效果。

第四章
开启思维：
引导孩子掌握
思考的技巧

鼓励孩子学会独立思考

大家都知道，现在的教育把学生都当成考试机器了，靠题海战术灌输标准答案来提高考试成绩，孩子每天起早贪黑地学习，连睡眠时间都不够用。问题是这样的学习方法能把孩子教育成才吗？不给学生独立思考的时间，学生的思维得不到锻炼，思维能力不高的孩子能成才吗？

独立思考是积极主动地思考，具有新颖性、创新性的特点。它对人来说是一种精神尊严。一个思想独立的人，他永远都会感觉得到自己是精神贵族。相反，一个不会或无法独立思考的人，他的精神尊严是被践踏的，是精神尊严的自我阉割。

爱因斯坦说过，独立思考能力是人的内在自由。头脑是自由的，你就不会盲从别人。教育的目标就在于培育这种内在的自由，而不在于灌输特殊的知识，不在于培养专家。所以，培养孩子独立思考的习惯是每一位父母必须牢牢把握的家教关键，是诸多教子课题的"重中之重"。

一位母亲去参加朋友聚会，朋友们大多数都带去了自己的孩子，父母在一起聊天的时候，这位母亲就对一群孩子说："你们随便玩吧。"使她感到很吃惊的是，孩子们都站在那儿不动。其实这些孩子不是不想玩。只是因为平时和父母一起活动的时候，这次玩什么，下次玩什么，玩的内容和顺序全部由父母决定了。这样一来，孩子只是在玩、在动。而这次这个母亲却跟他们说"你们随便玩吧"，结果在孩子的脑海中，一时间竟想不出如何行动才好。

孩子之所以会出现这种状况，就是因为在平时生活中，父母已经帮助他们决定了自己玩的内容，不需要他们自己去想。同样的，在孩子的学习问题上，很多父母常常习惯于给孩子指路，事事替孩子包办，这样就剥夺了孩子独立思考的权利。

独立思考的习惯对孩子的一生有着重大影响。如果孩子拥有独立思考的能力，就会善于发现问题，能够通过思考、分析找到答案，才会取得好的学习成绩。而孩子长大后，因为有独立思考的习惯和品质，他的视角会比别人宽广，思维也会更加缜密。因此，具有独立思考能力的人，将比其他人有更多的机遇，更容易拥有成功的生活和事业。

苏联著名教育家赞可夫说："教会孩子思考，这对孩子来说，是一生中最有价值的本钱。"一个孩子能否成才，最关键的还是在于从小能否进行有效的思考能力的锻炼。纵观世界上那些有杰出贡献的人，他们都有一个共同点，那就是善于独立思考。

德国数学家高斯非常善于独立思考，这种良好的思维习惯在他小时候就已经表现出来了。高斯的父亲是泥瓦厂的工头，每星期六他都要发薪水给工人。在高斯3岁时，有一次当爸爸正要发薪水的时候，小高斯站了起来说："爸爸，你弄错了。"然后他说了另外一个数目。原来小高斯趴在地板上，一直暗地里跟着他爸爸计算该给谁多少工钱。重算的结果证明小高斯是对的，这把站在那里的大人都惊得目瞪口呆。

小高斯10岁时，有一次他的数学老师让他们全班解答一道习题：计算出"$1+2+3+4\cdots\cdots+100=?$"的答案。这个题目在今天早已家喻户晓了，可是在那个时候、那个场合，对于一群小学生来说还真不容易。要算出这么长的算术题耗时不少，孩子们都想争取第一个把它算出来，立刻在草稿纸上做了起来。

只有小高斯还没有开始动手，不是想偷懒，也不是发呆，他在想，难道一定得经过这么复杂的计算过程吗？从客观上说，他在进行思维的谋划，谋划的目的是要寻找一种能够提高思维效率的策略，这个过程花去了相当于其他同学进行加法计算的二分之一的时间。这时候，老师看见了他，走上前来问他怎么了，为何还不开始计算。小高斯说他已经知道答案了，是5050。老师十分诧异，问他是否提前做过这道题。高斯于是告诉老师，他通过观察发现这一组数字中 1加100等于101、2加99等于101……这样的等式一共有50个，因此这道题可以化简为"101×50＝5050"。

"真是太精彩了！"老师赞扬地说。

正是由于高斯善于独立思考，后来他成为了近代数学奠基者之一，在历史上影响之大，可以和阿基米德、牛顿并列，并有"数学王子"之称。

天才之所以能够成为天才，正是由于他们善于思考和乐于思考。独立思考是自我研究、自我解决问题的一个重要途径，让孩子在自我研究中去体验，去感悟，久而久之，孩子独立思考、解决问题的能力就能得到提高，这将为孩子的终身发展，乃至于将来干出一番大事业奠基。作为家长应该利用各种机会，培养孩子独立思考、分析问题、解决问题的习惯。

1.给孩子独立思考的机会

生活中，有些孩子在遇到疑难问题时，总希望父母给他答案。如果父母对孩子有问必答，虽然解决了孩子当时的问题，但从长远来说，孩子会养成依赖父母的习惯，遇到问题时不会独立思考，不会自己去寻找答案，这对发展孩子智力没有好处。因此，家长要多给孩子独立思考问题的机会，引导孩子独立思考。

书房里，爸爸在一边看书，儿子在另一边写作业。

"爸，这道题怎么做？"

听到儿子的发问，爸爸皱起了眉头，这已经不知道是第几次发问了，儿子一遇到问题就知道问父母，一点都不知道自己思考。看着儿子拿来的题目，爸爸的眉头皱得更深了，这样的题目对于儿子来说根本不难，只要稍微思考一下，答案就会呼之欲出。

"你自己好好看一下题目，然后思考一下，就会知道答案了。"爸爸不想再直接告诉儿子答案，他想让儿子自己试着去思考。

没有得到答案的儿子回到桌子前，同样皱着眉头看着眼前的题目，他根本不知道从何处下手。

看着苦苦思索的儿子，爸爸觉得这么做也不是办法，于是，他放下手中的书，来到儿子的身边坐下。看到爸爸坐在自己的身边，儿子以为爸爸愿意告诉自己答案了，然而爸爸还是没有说出答案。只见爸爸拿过一支笔和一张纸，把题目中所列出的条件都写在了纸上。开始儿子并不明白爸爸在做什么，只好盯着那张纸。慢慢的，儿子从纸上看出了答案。于是他按着自己的思路写出了答案。在这其中，爸爸一句话都没有说，只是用眼神鼓励孩子自己去寻找答案。

从此以后，当儿子再遇到难题的时候，他不再在第一时间去问别人，而是试着自己思考，自己从中寻找答案。

独立思考要求孩子积极主动地去思考。对孩子学习中遇到的问题，家长不要直接告诉孩子答案，而是要引导孩子自己去寻找答案，多在"点拨"上下功夫，或教给他思考的方法，或在关键处适当地提醒一下，让孩子去观察和动手验证，给孩子留有思考的余地，这样孩子便会逐渐养成良好的习惯，有利于提高孩子独立思考能力。

2. 启发孩子多角度思考问题

于凡的爸爸特别注意培训孩子的多维思考能力，经常在日常生活中对于凡提出许多问题进行启发。如家里买了一条鱼，爸爸会问于凡："除了蒸以外还有什么吃法？"喝茶的时候，爸爸会问于凡："茶杯除了喝茶的用途外，你还能说出别的用途吗？"突然下了一场大暴雨，爸爸会问于凡："树倒了，菜淹了，这些害处是明摆着的，那么，这场暴雨就没有一点儿益处吗？"等等。在爸爸的训练下，于凡的独立思考能力比同龄的孩子要强得多。

在日常家庭生活中，要经常引导孩子多角度看待事物和分析事物，逐渐养成换一种思路思考的好习惯。这样可以防止定向思维的形成。其实，社会生活和家庭生活中的每一种事物，都可以作为启发孩子多角度思维的内容。多角度思考问题，实际上就是进行发散性思维的训练。培养发散性思维是培养创造能力的前提。因此，家长要注意从小引导和培养孩子多角度思考问题的能力。

3.鼓励孩子敢于质疑

西方教育传统提倡的是敢于质疑，而中国人从小就被教育要听话，不敢挑战权威、不敢质疑。一成不变的生活则会造就一个个"小绵羊"，在这样的体制下，孩子的想象力、创造力等，可以说无从谈起。所以，家长平时应当鼓励孩子大胆质疑，并及时回答他提出的"为什么"，培养他多问多思的习惯。

　　有一天，一个小女孩在生物课堂上听老师讲到蚯蚓有很强的再生能力，即使被断成两截也可以活下去，并可能分别再生长成完整的蚯蚓。小女孩决定要弄个明白。于是，她挖来蚯蚓断开两段，放在窗台上养起来。她母亲发现后非常生气，狠狠打了她一巴掌，并把蚯蚓扔出窗外。
　　对于这件事，教育部一位领导沉重地说："这位母亲完全没有想到，她这一巴掌将会造成什么样的后果。我觉得这一巴掌，很可能就打掉一个女科学家。"之所以这么说，是因为小女孩的质疑精神应该得到父母的肯定。因为喜欢质疑的人总是能够取得很好的成就。

　　明朝学者陈献章说："学贵置疑，小疑则小进，大疑则大进。疑者，觉悟之机也。"敢于质疑意味着独立思考，挑战权威。父母要鼓励孩子敢于对一些习惯的传统怀疑，不迷信专家权威；不盲目相信书本，对事物存有怀疑精神；敢于提出各种问题，甚至包括一些当前看来近乎"荒唐"的问题。另外，父母还应该重视孩子的质疑，耐心倾听孩子的提问，并启发和诱导孩子自己去解开疑问。

4.鼓励孩子表达自己的意见

　　小倩的爸爸是个很民主的人，在家里，他允许小倩大胆说出自己的想法，即使她说得没有道理，爸爸也不会批评她。
　　周末，爸爸带小倩去参观一个书画展，事先爸爸没有告诉小倩里面的画全部是一个人的作品。小倩在仔细地看完每幅画后，对爸爸说："爸爸，这个画家的画真好。"

爸爸觉得很纳闷，孩子怎么会知道是一个人的作品，他问小倩："是吗？你觉得好在哪里啊？"小倩回答道："这些画的颜色搭配很好看，笔法也很大胆。"爸爸听了孩子的话，满意地笑了。

孩子在任何情况下都应当被允许表达意见，这对孩子思考能力的发展是至关重要的因素。

生活中，有些子往往不敢发表自己的意见，因此父母要鼓励孩子敢于发表自己的看法，在孩子发表自己的意见时，即使孩子说错了，家长也不要责怪孩子，要从另一个角度肯定孩子，然后给予孩子正确解决问题的提示。

对于孩子的正确意见，我们要先肯定、表扬，让孩子增强发表意见的信心。孩子受到了鼓励，以后就会积极主动地去进行思考了，这样也就达到了父母培养孩子思维能力的目的。

解放孩子的创造力

今天，中国社会都在思考一个问题：为什么我国的学生考试成绩很高，屡屡拿到奥林匹克竞赛的大奖，可我国公民却很难拿到诺贝尔奖？是我们天生没有创造力吗？是中国人的遗传基因不好吗？可为何像杨振宁、李政道等美籍华人却能获此殊荣呢？

国人在深入反思之后发现，我们的教育在对孩子的创造力培养上出了问题。传统的教育过分注意知识的教育，忽视甚至压制了孩子的创新能力培养。

1994年，澳大利亚、新西兰、印度、中国内地、中国香港等九个国家和地区参加的"未来家庭娱乐产品概念设计大赛"，中国内地共有20所学校1300多名选手参赛，真可谓阵容强大，气势磅礴。然而，比赛结果却令人寒心，两个组的冠军、亚军、季军，中国内地孩子连边也没沾上，最后只获得一个带有鼓励性质的纪念奖。在人家闪耀着想象大胆、构思独特的作品面前，中国内地孩子的作品显得那样苍白，缺乏独创性，这怎能不令中国内地的家长们感到震惊！

我们不得不反思，我们的教育在对孩子的创新能力培养上出了问题。传统的教育过分注意知识的教育，忽视甚至压制了孩子创造力的培养。

在现今时代，资讯技术飞速发展，创新的重要作用被提高到了前所未有的地位，成为一个国家兴旺发达的不竭动力。而传统教育已经难以适应时代需要，只有大力推进创造力教育，才能培养出具有良好创新能力的人才。

创造是人类特有的能力。创造力是人们在创造性解决问题过程中表现出来的一种个性心理特征，是在一定的目的支配下，运用一切自身掌握的信息，发挥自己的创新性思维，产生出某种新颖、独特、有社会或个人价值的产品的能力，其核心是创造性思维能力。简单地说，创造力就是创新的能力。

每个孩子都有创造能力。教育先驱陶行知先生曾说："我们发现了儿童有创造力，认识了儿童有创造力，就要进一步把儿童的创造力解放出来。"从小培养孩子的创造力，对孩子未来的发展极为重要。孩子的思维由于没有多少条条框框的约束，不受时间、空间的限制，所以，它往往比成人的思维更丰富更大胆，这种思维发展下去，就会成为一种创造的力量。因而，家长应该对孩子具有创造力的思维加以保护、鼓励和推动，使孩子摆脱千篇一律的平庸，成为一个富有创造精神的人。

9岁半的乐乐是一个非常聪明的孩子，同时也是个"淘气包"。在家里，乐乐常常会做出一些令妈妈感到不可思议的举动，比如，电子玩具、小闹钟、遥控器、学习机等物品，只要他觉得有趣，就会拿去，又是玩又是拆的。

因此，家里常常会被乐乐弄得乱七八糟，妈妈为此很头痛，曾经多次告诉乐乐不能随便拆家里的东西，可是乐乐就是屡教不改，妈妈真不知道该怎么办。

一天，乐乐看到妈妈在翻箱倒柜地找东西，就问妈妈在找什么。妈妈对乐乐说，自己在找一份很重要的文件，明明记得放在桌子上了，可就是找不到。乐乐眼珠转了转，转身回到卧室里，把妈妈纸袋里的衣服取出来扔到了床上，然后拿起纸袋，找了一把剪刀在那里剪啊剪的。

妈妈走进卧室时，看到自己很精致的纸袋被乐乐剪坏了，很生气，一把夺过乐乐手中已经"伤痕累累"的纸袋，对乐乐说："你就不能安静地待一会？好好的纸袋你剪了干什么？没见妈妈的衣服放在里面吗？"

乐乐被吓哭了，很委屈地对妈妈说："妈妈这是我送给你的礼物，一个'万能保险柜'。妈妈，这样你的东西就不会找不到了。"

其实正是平时的"淘气"，才培养了乐乐的创造力。面对像乐乐那样的"破坏性"很强的孩子，家长们不要只想着孩子破坏了东西，全面否定孩子的破坏行为，而应该认识到，"破坏"也是孩子创造力的一种表现形式。也可以说，创造是孩子的天性，关键在于家长如何看待、如何培养。

创造力是孩子成长的生长点，善待它就是善待孩子的生命，保护并且发展孩子的创造力，是培养造就创造型人才的第一步。家长应注意发现孩子的创造力萌芽，保护孩子最原始的创造意识和创新精神，才能使他们的创造性得以持续和发展。就如儿童教育家陈鹤琴先生所说："儿童本性中潜藏着强烈的创造欲望，只要我们在教育中注意诱导，并放手让儿童实践探索，就会培养出创造能力，使儿童最终成为出类拔萃的符合时代要求的人才。"否则，这种可贵的创新精神萌芽就会被扼杀在摇篮中，孩子只能在模仿顺从中长大，失去创造的机会、条件和信心，而最终很可能成为平庸的、缺乏独立见解的人，被时代所抛弃。

瑞士著名的心理学家和教育家皮亚杰指出："教育的首要目标在于培养有能力创新的人，而不是重复前人所做的事情。"创造力是孩子智慧的源泉，也是促进潜能发展的原动力，是将来孩子卓越发展的基础。人的创新能力是在长期的学习和训练中逐步形成的，创新教育应从幼儿时期开始。家长作为孩子的第一任老师，对孩子创造力的培养肩负着重要的使命。在生活中，只要家长做有心人，孩子的创造一定能让生活变得更加绚丽多彩。

有个母亲，因孩子把她刚刚买回家的一块金表当成新鲜玩具拆卸弄坏了，就狠狠地揍了孩子一顿，并把这件事告诉了孩子的老师。老师幽默地说："恐怕一个中国的'爱迪生'就因此而消失了。"接着，这位老师进一步分析说："孩子的这种行为是创造力的表现，您不该打孩子，要解放孩子的双手，让他从小有动手机会……"

"那我现在该怎么办呢？"这位母亲听了老师的话，觉得很有道理，感到有些后悔。

"补救的办法还是有的，"老师接着说道，"你可以和孩子一起把金表送到钟表铺，让孩子站在一旁看修表匠如何修理，这样，修表铺就成了课堂，修表匠成了先生，你的孩子就成了学生，修表费成了学费，孩子的好奇心就可以得到满足了。"

这个故事发生在大半个世纪以前，故事中的那位老师，就是我国著名教育家陶行知先生。陶行知先生是一个非常崇尚创造精神的人，在他一生的教育生涯中，特别重视对孩子创造性的培养。他的教育思想中的一个极其可贵的观点，就是他的创造教育观。他提倡"教学做合一"，以做为中心、为目的，而且倡导"做的最高境界就是创造"。

人的创造能力的发展始于幼儿时代。每个幼儿都具有潜在的或正在萌发的创造能力，而这种创造能力对幼儿的全面发展起着重要作用。创造能力是智力活动的一种表现，创造能力越高的人往往具有较好的个性品质和积极的情感体验，表现为自信、自立、兴趣广泛、喜欢探索、情感丰富等。这些品质会对孩子今后的学习、生活、工作产生积极的影响。因此，家庭教育中如何培养孩子的创造能力是每一位家长应该思考的问题之一。

1.鼓励孩子的探索性行为

孩子正处于成长阶段，会热衷于各种探索活动，家长要鼓励和支持孩子积极地参加。

　　有个小男孩在雨水淋湿的地里挖出一块石头，他跑过去对爸爸说："爸爸，快看看我挖出来的石头！"爸爸用不赞许的目光看着他："你把这儿搞得乱七八糟！"男孩的脸耷拉下来，不高兴地扔掉手中的战利品，走进屋里。其实，这位爸爸应该这样说才能有利于培养孩子："这块石头真漂亮！洗干净石头，我们就能看得更清楚了。我会给你一把泥铲和一副手套，你会找到比这块更漂亮的石头。"

　　冰心曾说过："淘气的男孩是好的，淘气的女孩是巧的。"孩子爱玩，喜欢探索未知的事物，并不意味着孩子是坏孩子，相反，这正是孩子创新能力的开始和萌芽，父母不仅不应该制止，还应该有意识地保护和珍惜，给孩子充足的时间和空间，让他们有机会去发现和研究感兴趣的事物及想法。只要孩子是安全的，父母就应积极鼓励他的各种探索。

　　2.允许孩子异想天开

　　孩子天生就有非凡的好奇心和创造力，有的人会把孩子对一种事物的表达和认识当作孩子无知的表现，有的人却会以认真的倾听和由衷的赞赏来鼓励孩子。不同的态度会产生不同的效果，不同的效果则会造就不同的孩子。

　　史丰收小时候最大的特点是"异想天开"。他曾把死兔子放在炕上，想把它烤热救活，他缠着大人问人死了为什么不能再活……上幼儿园时，老师教孩子们写"大小"二字，史丰收却按照自己的理解将"小"字写成"十"字。老师给他纠正，说他写得不对，但小丰收不服气地辩解说："'大'字两条腿向外伸得大大的，'小'字两条腿应该向中间缩得小小的，所以'小'应该写成'十'。"

　　上小学学四则运算的时候，史丰收提出一个"离经叛道"的问题："运算时能不能从高位算起呢？"老师一听他这个荒唐的问题，气得鼻子都歪了："你简直是成心捣乱！"是啊，自古至今，中国外国，算术都是从低位算起，而一个乳臭未干的小毛孩竟然想颠倒几千年来的传统算法，岂不是"异想天开""胡言乱语"呀？

　　幸运的是史丰收的父母对儿子的"异想天开"没有报以嘲笑和否定，

而是给予全力支持和鼓励，使史丰收能有一个自由驰骋其"异想天开"想法的独立而宽容的空间。这种"异想天开"创造了奇迹：史丰收创立了"快速计算法"，使小时候受到责备的"胡言乱语"变成了真理。几千年来从低位算起的运算方法被一个"异想天开"的小毛孩彻底推翻了。

标新立异是培养创新思维能力的重要表现。当孩子有新奇的想法，父母不要否定孩子，更不要"泼冷水"、嘲笑和责备，要允许孩子标新立异、异想天开。不仅如此，父母还应该为孩子无拘无束、漫无边际的"异想天开"架起一座通往现实的"桥梁"。

3.让孩子经常亲近大自然

泰戈尔出生于一个富有的贵族家庭，他从小受到良好的家庭教育，他的父亲常常带他旅行，亲近大自然。在他12岁那年，父亲决定带他去喜马拉雅山旅游。一路上，壮丽的景色深深感染了泰戈尔，他有种无拘无束、心旷神怡的感觉，从空旷的大自然里感受到了自由遨游的乐趣。

抵达了喜马拉雅山麓后，泰戈尔见到了另一番迷人的景色。他那颗好奇和探索的童心完全陶醉在这山区的美景之中了。每天清晨，当太阳从东方升起的时候，父亲就带着泰戈尔到户外散步，到了晚上，泰戈尔则是坐在星空下，听父亲讲天文知识，欣赏高山美丽迷人的夜色。就这样，父子俩度过了4个月的旅游生活。

这次喜马拉雅山之旅，使泰戈尔心旷神怡，对大自然产生了浓厚的兴趣，扩大和增进了对大自然的亲近感，不仅饱览了秀丽的自然风光，而且也熟悉了当地的民土民情，这些都启发了他的好奇心，锻炼了他的注意力，激发了他创造性思维，对他的诗歌创作产生了极为深远的影响。

事实表明，父母应该经常带孩子到大自然中去玩。这样，既可以让孩子感觉大自然的美，孩子也能够从大自然中获取无穷无尽的知识，激发孩子创造性思维。

4.鼓励孩子大胆想象

有这样一个故事：

在晚饭期间，一个小男孩不吃饭，用小勺在碗里划来划去，嘴里好像还在自己嘟囔着什么。妈妈轻轻走过去，做出饶有兴趣的样子问："儿子，你在做什么？能告诉我吗？"孩子说："这儿是长江，这儿是山。"妈妈看到，孩子碗里的饭被分成两部分，堆得高高的像两座山，而中间被挖出一条弯弯曲曲的小沟。妈妈意识到这正是一种创造力的表现，立刻肯定了他丰富的想象，并给孩子讲关于长江的事情。

创造离不开想象，孩子靠想象力开启幻想世界。只有在这种自由幻想世界里，创造思维才会萌发。

爱因斯坦说过："想象力比知识重要，因为知识是有限的，而想象力概括着世界上一切进步的东西，并且是知识进步的源泉。" 家长应尽量发掘孩子进行活动的想象功能，促发想象。比如，孩子一会儿把扫帚当马骑，一会儿把它当冲锋枪，一会儿又用它来堆雪人，其中有丰富的想象，有"发散思维"，发现了同一事物的不同用处，这就是创造性的表现。对于孩子富有想象力的图画，凭自己想象拼搭的东西、自编的故事等，都应该给予肯定和赞赏。

对于孩子所表现出的、所谈论的理想和抱负，以及建立于幻想上的自我概念等，不要认为孩子荒唐，异想天开，不切实际，或微不足道，不屑一顾。要给予支持和指导。同时要耐心地帮助他们，使孩子明白过多、过分夸大的表现是不正确的。引导他们从正确的思路上去想象、去创造，理想要与实际相接近，与实际生活相符。

利用好奇心激发孩子的求知欲

　　每个人都拥有好奇心，好奇心是人成功的根源。俄国教育家乌申斯基说过："没有丝毫兴趣的强制性学习，将会扼杀学生探求真理的欲望。"要想培养孩子的学习兴趣，必须注意其好奇心与求知欲的培养，后二者的产生必然会使孩子产生浓厚的学习兴趣。好奇心是由新奇刺激所引起的一种朝向、注视、接近、探索的心理和行为动机。它是人类行为的最强烈动机之一。其强弱与外界刺激的新奇性与复杂性密切相关，刺激愈复杂愈新奇，则个体的好奇心便愈强。求知欲是一种认识世界，渴望获得文化科学知识和不断探究真理而带有情绪色彩的意向活动。人们在实践活动中，感到自己缺乏相应知识，就产生了探究新知或者扩大、加深已有知识的认识倾向，这种情境多次反复，认识倾向就逐渐转化为个体内在的求知欲。

　　好奇心是孩子获得知识的一个很重要的门径，好奇、好问、探究、发现、创造往往都是密切相关的。许多发明和创作并不是事先预料到的，往往是在好奇心的推动下，经过创新性思维得出来的。

　　达尔文是进化论的奠基人，闻名世界的生物学家。他从小就是一个充满幻想的孩子，他尤其热爱大自然，喜欢探险、采集各种标本。

　　他的父母对儿子的好奇心和想象力很重视，总是想方设法地满足孩子的兴趣和爱好，鼓励他努力学习，探索真理，这为达尔文以后能成为闻名于世的生物学家产生了很大的影响。

　　一天，小达尔文和妈妈一起到花园里种树。妈妈对达尔文说："泥土是个宝，小树只有在泥土中才能长成参天大树。别小看这泥土，它能长出青草，青草又喂肥了牛羊，我们才有奶喝，才有肉吃；是它长出了小麦和棉花。我们才有饭吃，才能填饱肚子，才有衣服可以御寒。泥土太宝贵了。"

这些话，激发了达尔文的好奇心，让小达尔文想到了一个问题，他疑惑地问："妈妈，那泥土里能不能长出小狗来呢？"

"当然不能呀！"妈妈笑着说，"小狗不是泥土里长出来的，是从狗妈妈的肚子里生出来的。"

达尔文又问："我是妈妈生的，妈妈是妈妈的妈妈生的，对吗？"

"对呀！所有的人都是他自己妈妈生的。"妈妈微笑地回答。

"那最早的妈妈又是谁生的？"

达尔文接着问。"是上帝！"妈妈说。

"那上帝是谁生的呢？"达尔文穷追不舍地问。

妈妈一时答不上来了。她对达尔文说："儿子，世界上有好多事情对我们来说是个谜，你快快长大吧，这些谜需要你去解释呢！"

达尔文六七岁时，和同学们相处得不好，因为同学们认为他总在"说谎"。比如，他不知从哪儿捡到了一块奇形怪状的石头，就会对同学们煞有介事地说："看，这肯定是一枚宝石，可能价值连城。"同学们当即哄堂大笑，可是他却并不在乎这些，继续对身边的很多东西发表着独特的见解。一次，他向同学们说，他能制造出一种"秘密液体"，这种液体能制成各式各样颜色的花。但是，他却没有把这次试验搞成功。时间一长，老师也觉得达尔文有问题，并把他的问题反映到了达尔文的父亲那里。父亲听了，认为达尔文这是在想象，不是撒谎。有一次，达尔文在外面捡到了一枚硬币，他把这枚硬币拿给他的姐姐看。并郑重其事地说："这肯定是古罗马硬币。"姐姐接过来一看，发现这分明是一枚十分普通的旧币，只是由于受潮生锈，显得有些陈旧罢了。

对达尔文"说谎"的行为，姐姐很生气，把这件事告诉了父亲。希望父亲好好教训他一下，让他彻底改掉"说谎"的坏习惯。

可是当父亲听完姐姐的叙述后，并没有批评达尔文，他把儿女叫过来说："这不能算作是撒谎，这正说明了达尔文有丰富的想象力。说不定这种想象力会用到他的事业上去呢！"

达尔文的父亲还在花园里给达尔文搭了一间小棚子，让他自由地做化学试验，以便能更好地开发他的智力。

达尔文十岁时，父亲陪他一起去威尔士海岸度过一个月的假期。达尔文在那里大开眼界，他采集了很多海生动物标本，这更激发起了他对大自然的好奇心。

如果达尔文没有好奇心，就没有想象力，那么，今天的"进化论"就不会存在了。而达尔文的父母最成功之处，就在于支持儿子的想象力和好奇心。

教育家陈鹤琴曾说过："好奇心是小孩子获得知识的一个最主要的门径。"有人曾经在研究一些国际著名大学里的学生的学习动力时发现，所有的动力的源头都是对知识的新鲜感，即好奇心。强烈的好奇心能使孩子产生学习的兴趣。孩子只有对学习产生了兴趣，才能从学习中体验到快乐，才会热爱学习，并主动学习。

好奇心是孩子与生俱来的，爱护好孩子的好奇心是父母的责任和义务。正因为孩子对很多事物陌生，他才会感到新奇，才会提问，才会想试着去做。父母要多鼓励孩子去问、去做；对孩子提出的问题和要尝试的事情给予积极的支持。

世界上第一架飞机的发明者莱特兄弟，小时候是一对富有好奇心的孩子。有一次，兄弟俩在大树底下玩，两人产生了爬上树去摘月亮的想法。结果，当然不仅没有摘到月亮，反而把衣服都钩破了。他们的父亲见此情景，没有责骂他们，而是耐心地引导他们。

在父亲的引导下，兄弟俩日夜为制作能骑上天的"大鸟"而努力。这期间，父亲不失时机地买了一架酷似直升飞机的玩具送给他俩，这更加激发了他们对制造升空装置的浓烈兴趣。他俩不断地学习升空技术方面的知识，翻阅了大量有关飞行的资料。在父亲的鼓励下，经过多次试验，兄弟俩终于发明了世界上第一架飞机。

好奇心是促使孩子去探索和思考的动力。作为家长不仅要尊重、保护和正确引导孩子的好奇心，而且应努力激发他的好奇心，使孩子幼稚的好奇心发展为强烈的求知欲。对孩子提出的问题，要确切、通俗易懂、有条理地给予答复。这对培养孩子的想象力、思维能力有很大的帮助，能使孩子强烈的求知欲和好奇心不至于泯灭，从小就能养成勤于思考、勇于探索的好习惯。

1.善待孩子荒唐的提问

当孩子问父母问题的时候，父母千万不要嘲笑孩子的幼稚，更不要推开孩子说："烦死了。"在面对孩子一个接一个问题时，父母不要因麻烦而敷衍，应该很认真地对待，越是小的孩子越是要如此。

一些研究表明，正是由于家长的态度使孩子感到沮丧，从而放弃了对问题的提问，使孩子的好奇心随着年龄的增长而渐渐泯灭了。孩子提问题的时候，作为家长应该放下手头的事情，做出注意倾听孩子说话的姿态：弯下腰，目光注视孩子，用点头和微笑鼓励他，并且用语言表达出对孩子所提问题的兴趣。

　　幼年的瓦特对生活中的事物有很强的好奇心和很多的问题，并且很痴迷地去发掘答案。

　　有一年，他到乡下的奶奶家做客。他在厨房里看到奶奶正在烧水，水开了发出"咻咻"的声音。这时，他发现水壶盖不知为什么被顶了起来，老在水壶上跳动。好奇的他立刻抱来一只小凳子坐在火炉边观察。

　　"奶奶，你看水壶盖怎么会在上面乱跳呢？是什么东西把壶盖顶起来了？"

　　"是水蒸气呀，水开了就会冒气，壶盖就会被水蒸气顶起来，自然就会乱跳啊！"

　　"水蒸气能有这么大的力量？一定是壶里有小动物把它顶起来的。"说着，他就过去把壶盖拿了下来看了又看，但是里面除了水还是水，其他什么东西也没有。

　　"为什么只有水开了，壶盖才会被顶起来呢？"

　　奶奶被瓦特问得十分厌烦："热气冲得壶盖跳有什么可大惊小怪的，历来如此。"

但是，瓦特的父亲却很喜欢瓦特这样寻根问底，他告诉瓦特，蒸汽是有很大力量的，并让瓦特仔细观察，看看蒸汽的力量到底有多大。

从此以后，小瓦特像中了魔一样，常常盯着烧水壶，一看就是大半天。瓦特常常想："壶盖是被水蒸气推动而上下跳动的。既然一壶开水能够推动一个壶盖，那么用更多的开水，不就可以产生更多的水蒸气，推动更重的东西了吗？"

长大后，瓦特在不懈的努力下，终于发明改进了蒸汽机，推动了第二次工业革命的爆发，人类社会也因此而进入了"蒸汽机时代"。

问题是思考的起点。孩子小时候脑子里会有很多问题，当孩子向父母提出问题时，父母要和孩子一起讨论，耐心地向孩子解释。父母若能积极地帮孩子解决问题，孩子就会提出更多的问题。

2.让孩子多接触广大的世界

一般说，人只有对过去从未见过的新鲜事物才产生好奇心，因此，一个成天关在屋子里从不与外界接触的孩子，不可能产生什么好奇心。要培养孩子好奇心，必须给他们提供广泛接触外界事物的机会，接触新事物越多，产生好奇心的机会就越多。

1975年出生的任寰，7岁写诗，9岁发表作品，10岁出版第一本诗集，12岁加入河北省作家协会，18岁考入北京大学中文系。至今已出版诗、文集7部，发表各类文章近500篇，多次获国际、国内文学奖。

任寰小时候不爱说话，这与她从小患过敏性哮喘有关。每次住院、打吊针、输氧，她也不多话。这种生活使她自然形成了善于用眼睛观察的习惯。

任寰上小学二年级时，父亲有意识地培养她观察、描写大自然。上小学三年级时，父亲又教她注意观察人物，观察人的心理，进而观察思考社会和人生。《10岁女孩任寰诗文选》就是她观察、思考生活的结晶。著名诗歌评论家谢冕称她的诗具有思辨性。

任寰的父母在平时也注意指导观察，开阔孩子的眼界，充实孩子的生活。例如，让任寰观察家里养的花草、小鱼，晚上带任寰观察星空，讲讲简单的星系。白天观云，看到云的流动，讲一讲"云往东，一场空；云往西，披蓑衣"等谚语的简单道理。

任寰的父母常常引导她走向社会、走向大自然，接触生活，观察世界，扩大眼界，鼓励她遇事多问几个"为什么"，启发孩子思考问题。这对任寰后来的成功有极大作用。

读万卷书，不如行万里路。家长可以有意识地引导孩子到大自然中观察日月星辰、山川河流。比如，春天可带孩子去观察小树以及其他植物的生长情况；夏天带孩子去游泳、爬山；秋天带他们去观察树叶的变化；冬天又可引导他们去观察人们衣着的变化，看雪花纷飞的景象。孩子通过参加各种活动开阔眼界，丰富感性认识，提高学习兴趣。家长最好还能指导他们参加一些实践，如让孩子自己收集植物种子、搞发芽的试验、栽种盆花，也可饲养小动物。随着孩子年龄的增长，可以启发他们把看到的、听到的画出来，并鼓励他们阅读图书，学会提出问题；学会到书中找答案。这样不但可以满足孩子的好奇心，而且可以激发孩子的求知欲。

3.鼓励孩子寻根问底

爱迪生是一位闻名世界的伟大发明家，他一生共有约2000项创造发明，为人类的文明和进步做出了巨大的贡献。他之所以能取得这么大的成就，从某种意义上来说，正是由于母亲的正确认识和引导。

爱迪生从小是一个喜欢提问题的孩子，凡事都要问个"为什么"。有一次，母亲正在厨房忙着做饭，爱迪生急匆匆地跑来说："妈妈，家里的母鸡为什么把鸡蛋放在屁股下面坐着啊？"母亲放下手中的活，笑着对他说："傻孩子，它那是在孵小鸡呢！把蛋放在屁股下暖热后，就会有小鸡从里面爬出来。"小爱迪生听了，觉得真神奇。他认真想了一会儿，抬头问道："只要蛋在屁股底下暖热后，小鸡就能出来？""对啊，就是这样！"母亲微笑着点头。等到饭做好了，母亲忽然发现小爱迪生不见了，于是到处寻找，最后在库房里发现了他。原来爱迪生正学着母鸡的架势，把好多鸡蛋放在屁股底下蹲着呢。母亲很奇怪了，问道："孩子，你在干什么啊？"爱迪生说："妈妈，你不知道吗？我在孵小鸡啊！"看着儿子一本正经的样子，母亲乐了。

　　在学校，爱迪生总是向老师提出一些稀奇古怪的问题。例如，"二加二为什么等于四？""太阳为什么在白天出来？""月亮怎么会发光？"等等，这些看似简单却实则令人难以回答的问题，常常问得老师张口结舌。老师对他提出的问题很反感，并把他列为班里最差的学生，甚至说他脑子有问题。而对于爱迪生问的这些不着边际的问题，只有母亲愿意不厌其烦地给予解答。后来，由于爱迪生的考试成绩总是倒数第一，仅仅读了三个月的书就被迫退学回家。从此以后，爱迪生的母亲就当起了儿子的家庭教师。

　　母亲知道儿子爱思考，好奇心强，求知欲旺盛，对于他提出的各种问题，她总是尽可能地回答，即使回答不出来，也想办法找到答案再告诉孩子。

　　就这样，在这个不怕被问"为什么"的母亲的教育下，爱迪生虽然仅上过三个月的学，却成为了一个伟大的发明家，为人类社会的发展做出了极大的贡献。

　　细心的父母会发现，只要是孩子感兴趣的知识或者东西，他很快就能学会。碰到他感兴趣的话题，他也会寻根问底，不停地追问，直到问出个所以然来。其实，这是孩子好奇心的表现。因此，父母应该鼓励、支持孩子"打破砂锅问到底"的行为，也许哪一天他就成了未来的科学家。

激发孩子无穷的想象力

想象力是人类独有的才能，是人类智慧的生命线。在创造发明和探索新知识的过程中，想象力是一切希望和灵感的源泉。想象比知识更重要。因为知识是有限的，而想象力概括着世界上的一切，并且是知识进化的源泉。

世界上凡是具有创造性的活动，都是想象的结晶。没有想象，人类就没有预见，就没有发明创造，就没有艺术创作，更没有我们现在的生活。

电视台准备拍一次别开生面的智力测验。先在一个局测试机关干部。节目主持人在黑板上画一个圈儿，问大家："这是什么？"

摄像机前，干部们面面相觑，科长望着处长，处长望着局长，局长向秘书求援，女秘书懵了，走去和局长咬耳朵，忘了正在录像。局长忙说："对不起！事前未打招呼，不便回答。"

电视台的同志来到第二组——某大学中文系的教室里。照样画了一个圈儿，节目主持人问："请回答这是什么？"冷场半分钟，大学生哄堂大笑："这算什么问题？考我们大学生！""太瞧不起人啦！"

初中学生是第三组。一个学生回答："这是一个0。"

"他回答得对吗？"

"对！"同学们齐声回答。

"有没有别的答案？"

一个学生叫道"英文字母o！"班主任瞪了他一眼。节目主持人说："回答得好！"

最后一组是小学一年级的孩子们，他们一看圆圈，抢着回答："是一个0！""是个月亮！""是个鸡蛋！""是嘴巴，正在唱歌呐！""不，是老师的眼睛，她发脾气啦！"

智力测试圆满结束。电视台播放时的标题是："人们的想象力是怎么丧失的？"

有这样一句话：没有想象，未来将会怎样。的确，没有想象，人们根本就没有探索的方向。想象力对于一个杰出的人才来说，是十分必要的。想象力应用到实际中去的多少，也是评价一个人能力高低的重要标志。

在自然科学中做出巨大贡献的科学家无一例外都具有非凡的想象力。牛顿的万有引力定律、爱因斯坦的相对论、道尔顿的原子理论、法拉第的电磁场的理论等，也都是借助于丰富想象力而产生的。

爱因斯坦认为：想象力比知识更重要，因为知识是有限的。而想象力概括着世界的一切，推动着人类社会前进，并且是知识进化的源泉。

爱因斯坦曾经如此想象：如果有人追上光速将会有什么结果，由这个想象开始创立了狭义相对论。他又想象人在自由落体的升降机中将看到什么，从这个想象开始，他又创立了广义相对论。

在人的智力活动中，想象占有十分重要的地位。智力要素中的观察力、记忆力、思维力在学习中的作用主要是获取知识。想象力的作用主要是创造新知识。

想象是创造力的萌芽，孩子创新意识和创造能力的培养，也是从想象开始的。还未经文明熏染的孩子，其思维模式还没有被纳入社会公认的体系中，他们天马行空、稀奇古怪的想法其实正是可贵的想象力的火花。

每个孩子都是极具想象力的天才。鲁迅说过："孩子是可敬佩的，他常想到星月以上的境界，想到地面下的情形，想到花卉的用处，想到昆虫的语言，他想飞到天空，他想潜入蚁穴。"所以正确引导、保护好孩子的想象力是一件不容忽视的事。想象给孩子提供了充分自由发展的空间，想象力决定着一个人可以走多远。

下面我们来看一个故事：

"弯弯的月亮……"幼儿园里传出孩子们清脆的读书声。

"大家想一想，月亮像什么呢？"

班上顿时活跃起来了，学生七嘴八舌地开始讨论。

"好，这位同学说。"第一次上课老师还不能叫上学生的名字。

"弯弯的月亮像两头儿尖尖的小船。"

"弯弯的月亮像镰刀。"

"圆圆的月亮像车轮。"

"圆圆的月亮像银盘。"

这时，靠窗边的小男孩出神地望着窗外的天空，小手还不时地在比画着什么。

"挨窗户的同学来回答。"老师向他递去亲切的眼神。

小男孩从美妙的幻想中被老师惊醒。

"圆圆的月亮像月饼，弯弯的月亮像吃剩下的月饼。"孩子脱口就答。

教室里一片哗然，学生们哄堂大笑，这时孩子的脸立刻变得通红，小手里满是汗水，不停地在衣服上蹭着。低着头，不敢看老师。他多么渴望老师能够支持他的回答啊，可是老师只简单地说了一句："坐下吧。"孩子再也承受不住，眼泪就不由得流了出来。

时光飞逝，20年之后，孩子站在了幼儿园的讲台上。

"弯弯的月亮，蓝蓝的天……"

"同学们，月亮像什么？"新一代老师向学生提出了问题。

"小船！""皮球！""车轮！"同学们踊跃回答。

一个小女孩见别的同学都在举手，她也微微地抬起了小手。

"那个小女孩说。"老师看着小女孩说道。

小女孩有点受宠若惊，愣了一下站起来，说："像……像豆角。"同学们哄堂大笑。

老师心口一酸，他想起了小时候自己的回答。老师微笑着说："你说得很好，很有新意。"

又是20年过去了。在这位老师退休那天，他收到了一位女作家的来信：

　　谢谢您，老师！感谢您在我小时候给我的帮助，您肯定了我的"豆角月亮"，激励我勇敢地发挥想象力，发挥创造力。正是您当时的鼓励，我才有今天的成就。

　　可见，孩子的想象力是无限的，家长如果在孩子小时候能培养孩子善于想象的习惯，那么，等孩子长大以后就会发挥出无限的创造精神，获得更大的成功。

　　想象力是一种创造性的能力，是孩子应该具备的强大的智慧力量。俄国教育家乌申斯基说："强烈的活跃的想象是伟大智慧不可缺少的属性。"孩子正处于想象力最丰富的时候，虽然缺乏一些专业知识的基础，但有可能正是因为孩子没有固定的思维方式，才可以天马行空，激发孩子丰富的创新能力。

　　孩子的想象力是无处不在的，家长其实不需要做太多的事情，开放自己的思维、放开孩子的手脚就可以取得事半功倍的效果。在平时的生活中，父母要给孩子自由想象的空间，鼓励孩子异想天开，保护孩子珍贵的想象力。

　　1.允许孩子"胡思乱想"

　　孩子虽然没有成人那么多的知识经验，但却可能更富有想象力，因为他们更少固定的"答案"与"思维模式"。想象力成长所需要的土壤是宽容的、放松的、自由的与多样的。因此，如果孩子对一个你早已认为不是问题的问题思考时，请允许他的"胡思乱想"。

　　昨天，刘女士的孩子拿彩色笔在本子上画画。画一个长长的，说自己画的是枪，画一个弯的，说自己画的是刀，这些在大人看来不是太规则的东西，但他却乐此不疲。

　　一会儿，孩子画了一个妈妈看不出是什么的东西，骄傲地给妈妈看，"妈妈，你看，我画的是月亮。"

　　妈妈看了一下，根本就不是什么月亮，只是随手画了几个圆不圆、圈不圈的线，但是如果连几下，倒还像是个月亮，于是，妈妈拿起另一支笔，在他的画上改了几下，把几个弯给连上，自以为画了一个不错的月亮，还告诉他，这才是月亮，这里要连起来。然后又自作主张地往孩子的图画上面画上了几颗星星，还告诉孩子，星星要在月亮旁边，画的要小一些。

妈妈认为自己画得还凑合，儿子一定会喜欢，可没想到孩子一看妈妈画的，说："不，你画的不对，我画的才是月亮，我这画的是月亮在跳舞，我不要你画的，要我以前那个。"

妈妈只好告诉他："彩色笔画的不可以擦去，铅笔画的才可以擦掉的，你自己再画一个好不好？"

孩子极不情愿地翻了另一张纸。

可他再也画不成刚才的样子了，因为那幅画本来就是他随手涂的呀。

这下，孩子可不干了，对妈妈说："我就要刚才那个，我要我画的那个。"

妈妈只能再跟他讲："不行的话你自己再画个别的吧。"

"不行，我要我的月亮，我画不成了，……"小家伙越说越急，急得哭了起来。

刘女士觉得这种小事不值得发这么大的脾气呀，哄了一会儿还是不行，对孩子吼了起来。

孩子抹着眼泪，抽泣着说："我就是想要刚才那个，我画不成了。"

刘女士突然意识到自己挺过分的，孩子自己认为自己的得意之作让我给"糟蹋"了，自己又不能还原一幅，本来就挺委屈的，还在这里对他大吼大叫的，实在是不妥。

于是，刘女士再次轻声地对儿子说："宝贝，这样吧，这个改不了了，你重新画个别的吧。但从今以后，你自己画了，妈妈不再给你改了，你认为你画得漂亮，妈妈肯定不给你改了，你让妈妈给你画别的，妈妈再画，这样子好不好？"

好话说了一大堆，儿子终于原谅妈妈了。

以后儿子的"大作"刘女士就不随意修改了。

在培养孩子想象力的同时，也要注意保护孩子的想象力。儿童教育专家认为，孩童时代是培养想象力的最佳时期，孩子奇异丰富的想象往往孕育着奇妙的创新。因为世界上的任何创新都萌芽于看似幼稚的异想天开之中。所以，当父母发现孩子有与众不同的思维方式时，千万不要轻易地责备他，而要设法鼓励他展开丰富的想象翅膀。

2.扩大孩子的知识面

研究表明，丰富的想象力以丰富的知识和经验为基础。而一切科学的创造、技术上的革新以及艺术上的创作，都是在丰富的知识和经验的基础上，通过创造性想象而取得成功的。可见，一个人知识和经验的多少，信息储备的多少，对于想象的广度和深度有着重要的影响。

上海思南路幼儿园李老师非常重视通过图画培养幼儿的想象力和思维能力，同时也非常注意向幼儿传授各种知识。1980年，联合国教科文组织、儿童基金会等联合举办了国际儿童画比赛，主题是"我在2000年的生活"。我国参加比赛的10幅画中，就有2幅是这个班的，其中7岁的胡晓舟画的《荡秋千》，获得了一等奖。这幅画富于幻想，十分新颖，但其构思的材料，都完全来源于现实生活。是他把曾看到过的月亮、星星、荡秋千，经过头脑加工改造，重新组合起来的结果。

任何想象都要以一定的知识经验为基础，只有不断扩大孩子的知识面，孩子的想象才能丰富。因此，父母要想培养和提高孩子的想象力，就必须多让孩子看、听，开阔孩子的视野，丰富孩子的素材。例如，带上小学的孩子去博物馆参观、到郊区游览、参加各种公益活动或走亲访友等，都可以开阔让孩子的视野。为了记得多、记得准、记得牢，可以让孩子用语言描述或者通过写日记把头脑中的形象再现出来。

3.鼓励孩子编故事、讲故事

歌德是个独生子，父母很疼爱他，对他的教育也十分用心。在歌德刚刚两岁的时候，妈妈每天像上课一样给儿子讲故事，先从讲小故事做起，并且形成习惯。然后给儿子讲一些"长篇"故事。妈妈讲故事的方式也和一般人不同，她是用一种教学形式来"实施"的。每当她讲故事的时候，她的"故事教学"不是一个劲儿地"满堂灌"，而采用像中国的章回小说形式一样，每次讲到一定阶段，或是讲到重要转折关头时，就突然停止，宣称"休息"，然后让歌德自己去联想下面的情节发展，甚至让他推想故事的结局。

小歌德总是为此做出各种猜想，有时还跑到奶奶跟前认真商量。第二天，当母亲继续讲故事之前，小歌德说出自己设想的情节。他的母亲常常会高兴得叫起来。

父母出色的家庭教育，使歌德在文学、音乐、绘画多方面受到了良好的熏陶。歌德8岁时便懂4国语言，成年后写下了许多名著，如《浮士德》等，一直流传于世。

给孩子讲故事，尤其是讲不完整的故事，可以开发孩子的想象力。孩子在听故事的过程中，得到的是语言信息，通过反馈联系，可以从语词联想到相应的形象，并通过形象的联想，去展开想象活动。让孩子参与编故事，而不是单纯地接受故事，更有利于培养孩子创造性的想象。

孩子在小时候，喜欢编故事、讲故事，有时讲给小朋友听，有时讲给爸爸妈妈听，有时还自言自语。家长应该看到这既是锻炼表达能力的好机会，也是发展想象力的好机会。要积极鼓励孩子，不要冷言冷语，更不能随便阻止。

家长可以引导孩子按照某个主题去编讲故事，适时地给予赞扬，指出不足。好的故事让孩子用笔记录下来，不断修改。天长日久，孩子的想象能力会越来越强。

学会质疑，大胆提问

美籍华人李政道教授一次在同中国科技大学少年班学生座谈时指出："为

什么理论物理领域做出贡献的大都是年轻人呢？就是因为他们敢于怀疑，敢问。"他还强调说："一定要从小就培养学生的好奇心，要敢于提出问题。"质疑是学习的开始，如果一个人没有疑问，那还要学什么呢？质疑是孩子思考的标志，也是孩子进行主动、自觉学习的前提。

孩子在预习、上课、复习的过程中就是不断地提出问题，然后从老师、书本或者他人那里获取知识来解决自己的疑问，而这个解决疑问的过程就是学习的过程。因此，没有疑问就不可能有真正的学习。

有一年，中国中学生到国外参加一项奥林匹克竞赛，成绩十分喜人，获得的金牌数量和奖牌数量，都名列参赛各国首位。

赛后，竞赛组织者请出了出题的专家、教授，跟这些参赛的各国中学生们见面，希望选手们向专家、教授提问题。

除中国选手外，其他国家的选手都十分踊跃。有的国家的中学生指出，出题者在某题上的思路不对，没有现实意义，如果改造一下会更好；有的咨询某方面问题的最新科研成果、发展方向；有的拿出自己的题目让教授专家来解答。

而获得金牌和奖牌最多的中国学生，却在旁边默不做声。不是他们英语过不了关，其实他们参赛前都经过英语的强化，都有非常好的口语。而是中国学生平时的注意力以及竞赛时的注意力，全部集中在解答专家们的题目上了，没有胆量、没有心思去想专家的题目还会存在什么问题，于是提不出问题，就干脆不开口。

俗话说：问是学之师、知之母。这句话深刻地说明了提问在学习中的重要性。在我国，提问这个习惯并没有受到广泛的认可和关注。孩子的问题太多，父母就会埋怨孩子太懒，不肯自己思考。久而久之，孩子便不愿意对知识产生疑问，而更愿意被动地接受知识了。这种现象即使在我国最优秀的高等学府也不例外，因为大家都不敢轻易发问，唯恐被别人认为无知。其实，最大的无知便是无问。

爱因斯坦曾指出："解决问题，也许仅是技能而已，而提出新的问题，新的可能性，从新的角度去看旧的问题，却需要创造性的想象力，而且标志着科学的真正进步。"不懂就要问，这个浅显易懂的道理几乎每个人都懂，可是很多人却不那样做。现实生活中，不懂装懂的人很常见，不少孩子也变得不爱问"为什么"。身为父母有理由让孩子意识到提问的重要性。特别是在课堂学习中，多问几个"为什么"是一种智慧的学习方法。

1.让孩子认识到学会质疑的重要性

伽利略是17世纪意大利伟大的科学家。他在学校念书的时候，同学们就称他为"辩论家"。他提出的问题很不寻常，常常使老师很难解答。那时候，研究科学的人都信奉亚里士多德，把这位2000多年前的希腊哲学家的话当作不容许更改的真理。谁要是怀疑亚里士多德，人们就会责备他："你是什么意思？难道要违背人类的真理吗？"

亚里士多德曾经说过："两个铁球，一个10磅重，一个1磅重，同时从高处落下来，10磅重的一定先着地，速度是1磅重的10倍。"这句话使伽利略产生了疑问。他想：如果这句话是正确的，那么把这两个铁球拴在一起，落得慢的就会拖住落得快的，落下的速度应当比10磅重的铁球慢；但是，如果把拴在一起的两个铁球看作一个整体，就有11磅重，落下的速度应当比10磅重的铁球快。这样，从一个事实中却可以得出两个相反的结论，这怎么解释呢？

伽利略带着这个疑问反复做了许多次试验，结果都证明亚里士多德的这句话的确说错了。两个不同重量的铁球同时从高处落下来，总是同时着地，铁球往下落的速度跟铁球的轻重没有关系。伽利略那时候才25岁，已经当了数学教授。他向学生们宣布了试验的结果，同时宣布要在比萨城的斜塔上做一次公开试验。

消息很快传开了。到了那一天，很多人来到斜塔周围，都要看看在这个问题上谁是胜利者：是古代的哲学家亚里士多德呢，还是这位年轻的数学教授伽利略？有的说："这个青年真是胆大妄为，竟想找亚里士多德的错处！"有的说："等会儿他就固执不了啦，事实是无情的，会让他丢尽了脸！"

伽利略在斜塔顶上出现了。他右手拿着一个10磅重的铁球，左手拿着一个1磅重的铁球。两个铁球同时脱手，从空中落下来。一会儿，斜塔周围的人都忍不住惊讶地呼喊起来，因为大家看见两个铁球同时着地了，正跟伽利略说的一个样。这时大家才明白，原来像亚里士多德这样的大哲学家，说的话也不全都是对的。

这个故事告诉了我们质疑的重要性。家长可以通过类似的故事，如爱迪生"我能孵出小鸡来吗"、牛顿"苹果为什么往地上掉"等具体事例，教育孩子学习科学家善于思索探究的思维品质，使孩子懂得"疑而能问，已知知识大半""思维自疑问和惊奇开始"的道理。还要告诉孩子，课堂提问不是老师的专利或某些学生的专利，每个人都可以提问，也只有在大家相互质疑的过程中，自己的思维才能得到发展。家长还可以将陶行知老前辈的小诗赠给孩子，以鼓励孩子主动质疑："发明千千万，起点是一问，禽兽不如人，只在不会问。智者问得巧，愚者问得笨。人力胜天工，只在每事问。"

2.鼓励孩子勇于挑战权威

在生活中，人们对权威普遍怀有崇敬之情。如果一个人地位高，有威信，受人敬重，那么他所说的话容易引起别人重视，并被人们相信其正确性，即"人微言轻、人贵言重"。确实，权威在很多方面都有他的可信度和借鉴度，人们对权威普遍怀有尊崇之情，本来无可厚非，然而对权威的尊崇到了不加思考的程度，就会使人失去理性，成为一种思维的枷锁——权威枷锁。所以，家长要鼓励孩子敢于向权威挑战。

意大利著名画家达·芬奇是一个不迷信权威的人。他的丰富实践，他的过人智慧、好奇心和独立精神使他质疑当时流行的许多理论和教条。例如，在进行地理探索的过程中，他在伦巴第山峰发现了化石和贝壳。当时的流行观点认为这些化石和贝壳是《圣经》中的洪水的沉淀物。但是，达·芬奇的论辩是建立在逻辑思考和现实世界的基础上，而不是建立在神学的基础上。他一一反驳每一条基于传统智慧的假说，最后下结论说："这样的观点不应该存在于任何具有深厚逻辑思维的大脑之中。"

研究地理学说时，达·芬奇手拿各种各样的化石，走遍了伦巴第的山谷；学习解剖时，他解剖了30多具人类尸体和数不清的动物尸体。同他对化石的研究一样，他的解剖学研究也是对当时权威论点的直接挑战。他写道："很多人认为他们有理由责备我，因为我的论证同他们的幼稚头脑所顶礼膜拜的权威观点相左。但他们从来没有考虑过我的观点是建立在简单和平常的经验事实之上，而这些经验事实才是真正的权威。"

在达·芬奇的一生之中，他曾骄傲地宣称自己是"不迷信权威的人"和"经验的门徒"。他说过："对我来说，那些没有建立在经验、公理和亲自实践基础之上的科学理论都是一纸空文，谬误百出。经验的起源、手段或者结果都经过了人类的感觉验证。"

达·芬奇崇尚思维的创新和独立，他反对一味模仿，敢于挑战权威，并且进行理性思考，这在任何时代都是无与伦比的。

阻碍一个人发展的最大敌人之一就是迷信权威。古今中外历史上各种新学术、新观点，常常都是从推翻权威开始的。不敢突破权威的束缚，也就丧失了创新思考的能力。敢于推翻权威，本身就是一种胆识、一种创新。

一般来说，老师在孩子的心目中往往是"万能"的，孩子们普遍认为"老师肯定什么都懂，什么都会，什么都正确"，孩子的年龄越小，这种心理倾向越严重。对此，父母必须要让孩子认识到，任何老师、学者都不可能穷尽真理之长河，任何人都有发现和创造的可能性。因此，父母要鼓励孩子具备一定的勇气，破除对老师、书本等"权威"的迷信，使孩子树立"班门弄斧""异想天开"的思想，以及敢于质疑、批判的精神。比如，父母可以鼓励孩子在课堂上展示自我，对于一些疑难问题，老师提出一种观点时，自己也可以补充或提出不同的观点。

3.鼓励孩子提出问题

艾伦有两个儿子、两个女儿。他和妻子非常注重培养孩子的提问精神，他们让孩子在解答问题中学习知识。

孩子小的时候，艾伦就用比赛的方式培养孩子的提问能力。他告诉孩子，每天上学都必须向老师提问，而且还要在课堂上积极回答老师提出的问题。然后用笔把这些问题记下来，一周进行一次比赛，看谁提出的问题和回答的问题最多，谁就会受到奖励。

在这种竞赛的氛围中，孩子们的提问积极性被激发出来，他们也乐于回答老师的问题。艾伦的孩子们的成绩在同龄孩子中比较突出，而且一些科技类、自然类的知识比同龄孩子丰富得多。

艾伦和妻子曾为孩子提供过像《十万个为什么》一类的书，孩子们看后非常喜欢，当他们不明白书中的解释时，就会去问父母。4个孩子轮番提问，艾伦夫妻二人从来没有觉得烦。

当然，有时候孩子们提的问题也让艾伦和妻子为难，当他们回答不出来时，就会鼓励孩子去学校问老师。孩子在不断寻找问题的答案中增长了知识，开放了思维，提高了解决问题的能力。

提问是孩子求知欲的表现形式，也是孩子积极思维的外在体现。爱提问说明孩子能够主动思考、积极探究，并且勇于展现自我。在生活中，父母一定要鼓励孩子多提问、善于提问，培养孩子爱提问的好习惯。特别是在辅导孩子学习时，父母应该在孩子力所能及的范围内，让孩子多说、多问、多思考，让孩子自己"跳起来摘果子"。

孩子提出了问题之后，父母不仅要认真地给予回答，还要适当地启发提问，这样孩子提出问题的欲望就会不断增强。除此以外，孩子每提出一个问题，父母则应该不失时机地对孩子进行一番表扬，夸奖他肯动脑筋，这样一方面能满足孩子的求知欲，另一方面也更能激发出孩子的怀疑精神，使孩子不会人云亦云。这样，随着孩子提的问题越来越多，他的思考就会越来越全面。通过父母的精心培养，孩子会一直保持着爱提问的好习惯，最终增长知识，扩大视野。

鼓励孩子在课堂上主动回答问题

上课发言，不仅可以展示并阐述个人的观点，锻炼孩子说话及表达能力，培养孩子积极向上的学习习惯，还有利于教师了解孩子掌握知识的程度。当父母发现孩子上课不爱发言时，应当引起重视并引导纠正。

寒寒刚刚进入小学一年级。开学后不久，妈妈就鼓励她上课要积极地回答问题。

一天下午放学后，在回家的路上，妈妈问道："寒寒，今天上课时你回答问题了没有？"寒寒回答："没有。"妈妈有些失望，问她："为什么呀？"寒寒说："我害怕回答错了，没敢举手。"妈妈对她说："老师就喜欢上课积极回答问题的学生，若你不回答问题，老师就不喜欢你。"寒寒无精打采地"哦"了一声。

第二天，妈妈又问她。寒寒说："我还没考虑好，别的同学就举手了。"妈妈告诉她："为什么你手举得慢，是因为老师讲课时你没有认真听。寒寒，以后上课时一定要积极回答老师的问题。"寒寒答应了。以后每当妈妈再问她时，寒寒就对妈妈说："回答了。"

可是，一次家长会上，老师向妈妈反映，寒寒在课堂上几乎从不主动回答老师提出的问题。

事实上，这种现象在孩子中并不是个别的。经过老师的调查发现，不擅长发言的孩子一般有三大类：

一是孩子的胆子小，不敢发言；二是孩子的性格内向，不喜欢发言；三是孩子缺少方法，不知道怎样发言。针对孩子的实际情况，家长要有针对性地帮助孩子，让孩子踊跃发言。

　　周五的晚上，廖女士收到了女儿班主任发来的一条短信：孩子能按时完成作业，字迹工整，听课认真，不足之处是课堂上发言不积极。上课要开动脑筋，举手发言，珍惜每一次锻炼的机会。

　　这是廖女士第二次收到类似的短信了。

　　廖女士说，她女儿一直以来表现欲就不是很强，开学时廖女士就提醒女儿上课发言要积极，可是女儿总是不屑地说："为什么要积极发言呢？只要我知道答案就行了，没必要站起来告诉老师啊！"

　　廖女士明白，女儿的成绩不错，她不愿意主动回答问题是因为她没有意识到主动回答问题的好处，没有认识到这一细节对她学习的帮助。于是她认真地告诉女儿课堂上多举手回答问题这一细节对学习的好处……

　　课堂上的回答问题，其实是一种检验，考察学生的临场发挥能力、思维的缜密程度，以及面对问题是否有足够的勇气和自信。这些品质对于提高听课效果及考试都是至关重要的，培养它们的主要途径正是在课堂上积极回答问题。

　　以下是给家长的一些意见：

　　1.鼓励孩子在家里回答问题

　　很多在课堂上不爱回答问题的孩子，在家里也较为沉默，不喜欢说话。对此，父母应该鼓励他们多开口，无论孩子说的好与坏、对与错，都应该让他把心里话说完，并给予表扬，然后再帮助孩子正确地分析他的想法。在家里，父母可以经常和孩子共同学习，多提一些问题，鼓励孩子回答。当孩子在家里养成了回答问题的习惯，到了课堂上也就容易举手发言了。

　　2.告诉孩子回答问题的好处

　　父母可以给孩子讲，多回答问题会提高学习的效率，会锻炼你的思考能力，这是十分难得的机会。学生那么多，老师不一定会叫到你，因此这值得你努力去争取。只要举手就说明你在认真思考、专心听课了，你的期末考试或许就会因此而增加分数。如果孩子担心答错了会被笑话，父母可以告诉孩子："答错了能让你记得更牢。"即使课堂上同学笑你，你最终掌握了知识，取得更好的成绩，最后还会有人笑你吗？

3．在课前让孩子把知识预习好

很多孩子之所以不敢在课堂上发言是因为他们没有把知识预习准备好，在心理上没有底气，生怕自己会犯错误，被老师和同学笑话。如果准备充分了，把知识了然于胸，自然就大胆一些了。

小测试：你是一个勤于思考的人吗？

思维能力是指人们在工作、学习、生活中每逢遇到问题，总要"想一想"，这种"想"，就是思维。它是通过分析、综合、概括、抽象、比较、具体化和系统化等一系列过程，对感性材料进行加工并转化为理性认识及解决问题的。无论是学生的学习活动，还是人类的一切发明创造活动，都离不开思维，思维能力是学习能力的核心。

测试题

1. 到一个新地方找地址，你一般是：

A. 向别人问路　B. 自己看地图　C. 介于A、B之间。

2. 思考问题时，你喜欢独自一个人而不愿和别人一起

A. 我喜欢与人共事　B. 是的　C. 介于A、B之间

3. 你的学习多依赖于：

A. 参加集体讨论　B. 阅读书刊　C. 介于A、B之间

4. 你解决问题，多借助于：

A. 和别人展开讨论　B. 个人独立思考　C. 介于A、B之间

5. 在大扫除中，你愿意：

A. 和别人合作　B. 自己单独进行　C. 介于A、B之间

6. 在接受困难任务时，你总是：

A. 希望有别人的帮助和指导　B. 有独立完成的信心　C. 介于A、B之间

7. 你希望把你自己的房间设计成：

A. 同学朋友交往活动的一部分　B. 可以玩玩具的大世界　C. 介于A、B之间

8. 你和同班同学的交往：

A. 一般　B. 比别人少　C. 较多

9. 在班里的集体活动中，你是否是积极分子？

A. 是的　B. 不是　C. 介于A、B之间

10. 当别人指责你古怪不正常时，你：

A. 非常生气　B. 我行我素　C. 有些生气

评分标准：

选A——0分；选B——2分；选C——1分

测试结果：

15~20分：你自立自强，做事情不犹豫。通常能够自作主张，独立完成自己的计划，不依赖别人，也不受社会舆论的约束。同时，你无意控制和支配别人，不嫌弃别人，但也无需别人的好感。你的自主性很强。

11~14分：你能够在一般性的问题上自作主张，并能够独立完成，但对某些高难度的问题常常拿不定主意，需要他人的帮助。你的自主性一般。

0~10分：你依赖、随群、附和。通常愿意与别人共同工作，而不愿独自做事。常常放弃个人主见，附和众议，以取得别人的好感。因为你需要团体的支持以维持自信心，你不善于独立思考，应多培养一些自己的自主性。

第五章
时间管理：
让孩子学会
管理自己的时间

培养孩子今日事今日毕的习惯

有一个关于寒号鸟的故事：

　　山脚下有一堵石崖，崖上有一道缝，寒号鸟就把这道缝当作自己的窝。石崖前面有一条河，河边有一棵大杨树，杨树上住着喜鹊。寒号鸟和喜鹊面对面住着，成了邻居。

　　几阵秋风，树叶落尽，冬天快要到了。

　　有一天，天气晴朗。喜鹊一早飞出去，东寻西找，衔回来一些枯枝，就忙着垒巢，准备过冬。寒号鸟却整天飞出去玩，累了回来睡觉。喜鹊说："寒号鸟，别睡觉了，天气这么好，赶快垒窝吧。"寒号鸟不听劝告，躺在崖缝里对喜鹊说："你不要吵，太阳这么好，正好睡觉。"

　　冬天说到就到了，寒风呼呼地刮着。喜鹊住在温暖的窝里。寒号鸟在崖缝里冻得直打哆嗦，悲哀地叫着："哆罗罗，哆罗罗，寒风冻死我，明天就垒窝。"

　　第二天清早，风停了，太阳暖烘烘的。喜鹊又对寒号鸟说："趁着天气好。赶快垒窝吧。"寒号鸟不听劝告，伸伸懒腰，又睡觉了。

　　寒冬腊月，大雪纷飞，漫山遍野一片白色。北风像狮子一样狂吼，河里的水结了冰，崖缝里冷得像冰窖。就在这严寒的夜里，喜鹊在温暖的窝里熟睡，寒号鸟却发出最后的哀号："哆罗罗，哆罗罗，寒风冻死我，明天就垒窝。"

　　天亮了，阳光普照大地。喜鹊在枝头呼唤邻居寒号鸟。可怜的寒号鸟

141

在半夜里冻死了。

寒号鸟是可悲的，但这种悲剧是由谁造成的，难道是因为天寒吗？显然不是，因为天迟早是要寒的，但寒号鸟却没有做好御寒的准备，总是拖延垒窝的时间，最终被冻死。

可见，时间是不等人的，我们必须养成日事日清的好习惯。每个人做每件事都需要花费一定的成本，而时间就是其中之一。珍惜时间无异于节约成本、珍爱生命。因为生命是有限的，对于每一个鲜活的生命而言，属于他的时间也是有限的。如果总是想着今天之后有明天，明天之后有后天，"明日复明日"地蹉跎下去，最终的结果必将是失去今天又放走了明天，反落得一事无成，抱憾终身！

昨天是期票，明天是支票，今天才是现金，万事等明天必然养成懒惰、拖沓的恶习，最终落得虚度年华，闲白少年头。因此，要想做到没有白白浪费有限的生命和时间，就应该做到今日事今日毕。

彬彬是一位小学三年级的学生。每天晚上，他总说要做作业，但是接下来却一拖再拖，一会儿说吃完饭再做，一会儿又说要给小猫咪咪洗澡，总之是迟迟不动手，直到睡觉时间，他还是没有把作业完成。尽管彬彬也有自己的学习计划，可都形同虚设，对他起不到一点督促的作用。彬彬的妈妈为他的这个习惯很苦恼，甚至还打骂过彬彬，打骂之后，彬彬就变得好点，可是坚持不了几天就又故态复萌了，现在彬彬的学习成绩更差了，似乎对学习一点兴趣也没有了。

那么，彬彬的问题出在哪里？

后来，彬彬的妈妈带着彬彬去了他的班主任张老师家。在张老师的耐心的询问下，彬彬吐出了真实原因。原来彬彬对自己的要求很高的，他给自己订了严格的学习计划，可是那个计划仅仅执行了一周，就执行不下去了。有时是忘了这个时间该做的事情，干脆下面的也就不想做了；有时感觉很累，什么也不想做，就跟自己说，明天做吧，结果第二天也没有做……这样一天天落下了很多，想赶，可一想欠下的那么多，就干脆躺倒不干算了。

张老师点了点头说："老师能理解你的心情，行动跟不上计划，欠的学习的'债'越来越多，从开始的心急火燎变得消极逃避，最终计划难以执行。你最大的症结在于，没有严格按照计划来做，当天的学习任务没有当天完成，你说对吧？"

彬彬默默地点了点头。

生活中，许多孩子都会有意或无意地把今天应该做的事情拖到明天去做，他们觉得反正有的是时间。然而，到了明天，发现要做的事又增加了不少，于是又将其中的一部分事情拖到后天，如此形成恶性循环。因此，父母应当让孩子明白"今天"与"明天"的关系，告诉孩子如果将今天的事情留到明天，就会占用明天的时间，这样不仅会落后，还会耽误明天的学习。

一位心理专家曾告诫人们："要明白时间的真正价值。要摄取、抓住并享用它的每一刻。勿游手好闲，勿慵懒怠惰，勿推脱延误。今日能做之事，切莫拖到明天。"今日之事今日毕，并非单指今天的事别拖到明天，它同时也包括了不轻易拖延每段时间之意。父母要想帮助孩子养成"今日之事今日毕"的学习习惯，就要做到以下两点：

1. 让孩子及时行动

时间是不会等人的，决断好了事情拖延着不去做，会对孩子的一生产生不良的影响。只有及时行动起来，才能有所收获。

美国著名潜能激励专家安东尼·罗宾的女儿很久以前就有这样一个梦想，那就是去纽约成为百老汇舞台上的主角。她决定在大学毕业后就去实现自己的这个梦想。

听了女儿的决定之后，认定她已经具备实现其梦想的天赋和能力的安东尼说："你今天去百老汇和你毕业以后去，有什么不一样呢？"

女儿想了想，便说一年以后就去百老汇。

"一年后再去和今天就去，有什么不一样呢？"安东尼又问道。

听了父亲的话，女儿又想了想，便说下个学期就去百老汇。

"下个学期去和今天去，又有什么不一样呢？"安东尼继续问道。

女儿听了之后，再次作出决定，那就是下个月就去。

"下个月去和今天去，有什么不一样呢？"

"给我一个星期的时间将行李打包，我下个星期就去！"

"一个星期后去和今天就去，有什么不一样呢？行李用一个小时就可以准备好了！"

女儿本想说三天后就出发，但随后她终于作出了决定，她说："好的，我今天就去！"

"机票我已经为你买好了。"安东尼说完拿出了机票，递给女儿。

最后，这个女孩儿当天就飞到了纽约，开始自己全力实现个人梦想的全新生活。

很多孩子都会把时间浪费在准备开始进入状态的阶段。他们花费了很多时间准备干一件事，但一拖再拖，最后还是没做。如果立即着手行动，我们就会惊奇自己干得有多快！正如一位名人所说：栽一棵树的最好的时间是20年前，第二个最好的时间就是现在。

对待孩子，如果他要做什么，就让他从现在开始。想锻炼，从现在就开始！不要总是"明日复明日"。

2.让孩子在生活中养成"立刻去做"的习惯

周六晚上是欢欢洗碗的时间。大家吃过晚饭后，欢欢没有像平时一样去洗碗，而是对妈妈说："妈妈，我能不能等一会儿再洗？"

"不行！"妈妈坚决地回复道。

"为什么爸爸能把碗放到第二天再洗，我等一会儿就不行？"欢欢反问道。妈妈机智地回答："所以你和我要成为爸爸的好榜样啊！"

欢欢一听，立刻转身去洗碗了。

"立刻去做"是一种生活态度，孩子一旦拥有这种态度，就会把它推广到学习和生活中。所以，父母要帮助孩子在生活上养成"立刻去做"的习惯，绝不给孩子留下"允许拖沓"的暗示。只有这样，孩子才能养成今日事今日毕的习惯。

让孩子自己安排时间

童年、青少年正在人生的开端，如初升的太阳，是学习的黄金时代。然而，孩子们来到世界还不久，他们还不知道人生的目标和使命，没有时间的紧迫感，也不会科学地利用时间。所以，教会孩子合理、充分地利用时间，是我们家长的一项重要任务。

很多时候，家长只能看到孩子写作业慢，看不到的是孩子不会管理时间。孩子如果对时间没有概念，不仅是写作业慢，做事磨蹭也都是自然的事了。解决的办法其实很简单，就是给孩子自己管理自己时间的自由，给他权利和责任！

"丽丽，赶紧吃饭，吃完饭先写语文作业，再写数学作业，然后上床睡觉。知道了吗？"妈妈对正在吃饭的女儿说。

"知道了，天天都那几样，谁忘得了。"丽丽小声嘟囔着。

吃完饭，丽丽回到自己的房间，开始写作业。

妈妈收拾好房间之后，到女儿的房间看了一眼之后开始看电视。

电视中，一个小女孩正在跟自己的朋友说着自己的打算，"放学回到家之后，我要先写作业，然后吃饭，然后开始看《天眼》，你都不知道，我最爱看《天眼》了，我也好想和香凌一样幸运……"

她的朋友、另一个小女孩用美慕的眼神看着她，"琳琳，你可以自己决定什么时间干什么呀？真好，我就不一样了，一回到家，妈妈就告诉我应该怎么怎么做，什么时候做什么，一点自己自由支配时间的权利都没有……"

看着电视中的两个小女孩，丽丽的妈妈条件反射地看向女儿的房间。

第二天，丽丽放学回到家，妈妈并没有像往常一样吩咐她做什么。这样一来，丽丽反而不适应了，她来到厨房，问："妈妈，我要先做什么？"

听到女儿的话，妈妈暗暗叹了口气，然后微笑着对女儿说："你自己安排吧，只要在睡觉之前把作业做好就行了。"接着，她继续做饭。

自己安排，丽丽抠抠耳朵，以为自己听错了，但是看妈妈的神情自己好像并没有听错。带着疑惑的心理，丽丽走出了厨房。

既然妈妈让自己安排时间，那就先看电视吧！丽丽兴奋地来到客厅，津津有味地看起电视来。

当妈妈做好饭之后，招呼丽丽吃饭。吃完饭之后，丽丽正习惯性地想要听从妈妈的安排，没有想到，妈妈还是什么都没说，直接去收拾厨房了。

没有了妈妈的安排，丽丽不知道该先做什么好，她来到妈妈的身边，"妈妈，我该做什么啊？"

"妈妈没说吗？你自己安排，只要写完作业就行了。"妈妈重复着自己刚才所说的话。

"可是，我不知道先做什么，你……"

"丽丽，不管先做什么，妈妈说了，自己安排，你想先做什么就做什么。"没有等丽丽说完，妈妈又重申了一遍。

没有办法，丽丽只好自己安排了。

过了几天，妈妈发现，丽丽已经可以很好地安排自己的时间了。

让孩子自由地支配自己的时间，他才能热情地实现自我，才能用创造性的方法表达自我。才能使他从内心深处得到最大的满足，从而能够调动孩子各方面的积极性。所以，父母在培养教育孩子时，一定要转变观念，给孩子自由支配的时间，让他们享受到自由的乐趣。

1.把孩子当成独立的人看待

孩子是独立的个体，他们从小就有独立意识，一直要求独立。在他实现自己独立的意识过程中，要求父母理解和支持。所以，父母必须把孩子当成一个独立人来对待，尊重和理解他，给他自由支配自己时间的权利。

2.父母要充分信任孩子的能力

大部分孩子都能把握好自己的时间，因为他们非常清楚自己该怎样安排自己的时间。父母不一定能以自己的主观愿望，强迫孩子无休止地机械式地去学习。

3.亲子经常沟通

在沟通的过程中，正确地引导孩子珍惜时间，帮助孩子合理地安排自己的时间。

4.让孩子掌握最为有效的时间使用方法

（1）每天要让孩子知道自己要做什么，急事需要优先做。

（2）对于很难的事，可以先从一小部分入手，立即处理。

（3）想好一天的日程安排，找到比较好的方法。

（4）不值得去做的事，可以放到最后。

（5）重温日程安排，评价学习或做事效率。

（6）安排日程时，留点时间用于思考。

（7）预测学习用时，看看是否准确。

5.合理放手

在孩子明白了如何安排自己的时间之后，家长们要知道如何放手，不能一直将孩子护卫在自己的"保护伞"之下，这样的话孩子永远不能自己建立正确的时间观念，一旦离开家长的帮助和监督很容易又会犯办事效率低下的错误。

当然，放手并不是意味着不再给予指导，因为孩子总是会遇到一些新的问题，所以家长的放手只是不要再像之前那样时刻陪伴在孩子身边，但是适当的检查和指导还是需要的。当然，这同时也要求家长很好地安排自己的时间，为孩子做好典范。

管理时间从培养孩子的自制力开始

在20世纪60年代，斯坦福大学曾经做过一个著名的糖果实验：

研究人员将一群4岁左右的孩子召集到一个大教室里，给每个孩子的桌上都放了一块软糖，并对他们说："我要出去一会儿，你们千万不要吃这块糖。如果谁吃了，我回来后就不再发给他糖了。如果谁能做到不吃这块糖，我就再奖励他一块糖。"说完，研究人员离开了教室。刚开始有的孩子把手伸过去，又缩回来，伸过去，又缩回来。而一段时间之后，有的孩子就开始吃了。但还是有一些孩子没有吃糖。他们有的紧紧握住自己的手或数手指头；有的把脑袋枕在手臂上；有的数数，一二三四，不去看糖……研究人员回来后，就给坚持没吃糖的孩子每人又奖励了一块糖。

实验并没有就这样结束，他们继续跟踪观察这些孩子。等到这些孩子上了小学、初中后，研究人员发现，当初控制住自己不去吃糖的孩子，上了初中以后，大多数表现得很好，成绩突出，合作精神好，也十分有毅力；而那些当初就控制不住自己的孩子，则表现得不够好，不仅是上学时的成绩不好，走上社会后的各种表现也都不太好。

这个实验用于分析孩子承受延迟满足的能力，就是我们平常所说的"自制力"——为了追求更大的目标，获得更大的享受，可以克制自己的欲望，放弃眼前的诱惑。

自制力是指一个人能控制及调节自己的行为，坚持不懈地实现目标的能力。自制力强的孩子有两个特点：一是不做不该做的事，二是坚持去做该做的事。

生活中，我们经常听到有的父母抱怨自己的孩子自制力差。比如，上课时做小动作；一回到家就看电视，一写作业就坐立不安；喜欢吃零食，控制不住花零花钱的速度，等等。

一位儿子正在读小学的妈妈感到很迷惘：我现在最头疼的就是，儿子完全没有自制力，就知道玩。每天晚上如果我们不督促，他的作业从来不写，或者敷衍两下。一会儿没看着他，他就开始摸摸这儿，摸摸那儿，发发短信，看看小人书。他从小学习都是这样，抽一鞭子走一步。我们晓之以理、动之以情，他都无动于衷；生气时打他、骂他，他也没改进。真不知道我们应该怎么做？

孩子出现这种状况是缺乏自制力的一种表现。自制力是一个人为执行某种任务而控制自己的情绪、约束自己言行的能力。它是一种可贵的意志品质。这种自制力又常常叫意志力，是一个人在事业上取得成就的重要条件。

一个孩子自制力的强弱并不是与生俱来的，而是在后天的教育和引导中逐步培养和锻炼出来的。所以，要培养一个孩子的自制力，家长需要注意对孩子进行自制力的训练和引导。

一位儿子正在读初一的母亲无奈地说："我儿子今年13岁了，可一点儿自制力也没有，没有一件事能从头做到尾。拿起一本书，还没翻上几页，就扔到一边；学习不了多长时间，就去开电视。这可怎么办呢？"

孩子自制力差，做父母的都很着急。其实，孩子的自制力形成有一个过程，那就是从"他制"到"自制"。一般来说，小学阶段是锻炼孩子自制力的最佳时机，错过了这个年龄阶段，再锻炼孩子的自制力就要花费更多的时间和精力了。如果孩子在小学阶段就慢慢形成了很好的自制力，对于他们以后的学习和成长有极其重要的积极作用。

孩子自制力差的坏习惯是多种因素长时间累积的结果，自制力的形成并不是孩子自己的事，父母要从小对孩子进行正确的教育。

1.从生活习惯开始培养孩子的自制力

自制力的培养主要是生活习惯上的问题，如规定孩子有规律地生活作息，让孩子按时就寝，准时起床，按时吃饭，按时做作业及游戏，按时完成父母指定的家务等。开始时可能会有些困难，但时间长了，孩子就会在父母的督促下学会控制自己、约束自己，并养成习惯。

2.培养孩子的责任心

有的父母出于各种担忧，负起了孩子本应负的责任，那么孩子就乐得清闲。如果父母总是催促孩子去学习，孩子可能会觉得你不信任他、怀疑他的能力和自觉性，怀疑他处理不好自己的事情。既然不信任他，他就自暴自弃了，故意做事拖拉、失败，甚至真的开始对自己失去信心了。每个孩子都是有自制力的，只是被你的"不信任"掩盖了。如果你相信孩子的能力，别再事事替他做决定，放手让孩子自己去发展，那么，孩子自然就会发展出自制力和自豪感了。

3.培养孩子的自制力要循序渐进

自制力不可能是一念之间产生的，也不是下定决心就可立时形成的，其形成需要一个过程。如果你给孩子规定从明天开始就要好好学习，他们达不到目标时往往会产生挫折感和无能感，丧失改变自己的信心。所以，自制力的形成不要期望一蹴而就。比如，你可以让孩子在第一周时每天学习半个小时玩10分钟，如果这很容易做到，第二周每天学习40分钟玩15分钟，这也做得很好时，就可以每天学习40分钟玩10分钟。当行为变成一种习惯时，自制力也就自然而然地形成了。任何坏习惯的改变或好习惯的形成都可以采取这个方法。循序渐进有利于培养孩子的自信，并且不会给孩子造成过大的心理压力，使他们能轻松地锻炼自制力。

4.用榜样的力量感化孩子

给孩子找一些自制力较强的榜样，如一些名人、孩子喜欢的卡通形象、孩子喜欢的作者、孩子的同学、家庭中的成员等，将他们自制力较强的事件给孩子当成故事讲一讲，适时地对孩子提出一些希望和建议，鼓励孩子向榜样学习。另外，自制力较差的父母先要自己增强自制力。如果父母能在孩子面前表现出集中精力、令行禁止、说到做到、坚持目标、始终不渝等品行，孩子必定会受到好的影响。

让每一分钟都产生学习效益

著名的物理学家爱因斯坦认为，人与人之间的最大区别就在于怎样利用时间。我们出生时，世界送给我们最好的礼物就是时间。不论对穷人还是富人，这份礼物是如此公平：一天24小时，我们每一个人都用它来投资经营自己的生命。有的人很会经营，可以把一分钟变成两分钟、一小时变成两小时、24小时变成48小时……他用上天赐予的时间做了很多事，最终换来了成功。其实，这世界上的伟人、国家领导人、科学家、发明家、文学家等，最成功之处就是运用时间的成功，他们都是运用时间的高手。

每个人从生到死的时间都是差不多的，但是，在相同的时间里，有些人能够做很多事情，效率很高，而另一些人却只能做极少的事情，没有效率。就好像时间对有些人长，对另一些人短。其实时间的长短是由人怎样利用决定的，在同样的时间里，有的人做的事多，有的人做的事少，这样时间就有了长短的区别。

但是，无论是国家领导人、企业家，还是工人、乞丐，每个人的一天都只有24小时，这是上苍对人类最公平的地方。虽然如此，但就有人有本事把一天的24小时变成48小时来用。这不是神话，而是事实。

有这样一位成功人士，他每天早上5点起床，先做早操，然后吃早点、看报纸，接着开车去上班，车上听的不是路况报道，而是语言录音带，有时也听演讲录音带。由于早出门，因此不会塞车，到达办公室差不多7点半，他又用7点半到9点这段时间把其他报纸看完，并且做了剪报，然后，准备一天上班所要的资料。中午他在饭后小睡30分钟，下午继续工作，到了下班，他会用一个多小时看书，在7点左右回家，因为不堵车，半小时可回到家吃晚饭。在车上，他仍然听录音带或演讲录音带。吃过饭后，看一下晚报，和太太小孩聊一聊，便溜进书房看书、做笔记，一直到11点上床睡觉。

他和别人不一样，因为他的一天有48小时，也就是说他一天做的事情是别人两天才能做完的事情。很显然，他的成就超过了他的同龄人。其实他也没什么法宝，他只是不让时间白白地流逝罢了。

其实，要让时间流逝是很容易的，发个呆、看个电视、打个电动玩具，一个晚上很容易就打发了。如果天天如此，一年、两年很容易就过去了，人生也就过去了。

这世界上有许多人不懂得珍惜时间，不懂得珍惜现在所拥有的一分一秒。事实上，时间是一分一秒积累的。一位名人曾说过："我是把别人喝咖啡的时间都用在工作上的。"可见他对零星时间的珍惜。一个人若要在学识上有所造诣，在事业上有所成就，没有这种惜时如金的精神，没有时不我待的紧迫感，是决然不成的。所以，家长一定要让孩子学会珍惜时间，让每一分钟都产生效益。

对孩子来说，学习是重要的事情，只有学会统率时间、驾驭时间，充分地利用好时间，才能在有限的时间内高效高质地完成学习任务。

现在孩子的学习负担较重，每天都有大量的作业要做。如果时间抓不紧，或是安排不好，那就更麻烦了。尽管天天忙得不可开交，学习的收效却不大，同时又浪费了许多时间，得不偿失。所以，家长要教会孩子掌握利用时间的方法和技巧。只有巧妙地管理时间、合理地利用时间，才能发挥时间的最大价值。

1.制订计划

列一张单子，写下所要做的事，然后分门别类计划好。这样能使较复杂的事情变得容易处理。而且每完成一小步，就会有成就感。

2.分清轻重缓急

先做重要的、必须做的事。不要尽挑最容易、最喜欢的事下手。分清轻重缓急，是高效学习的重要原则和基本方法。

3.专心致志

改掉心不在焉的习惯，加强自我约束，将干扰降低到最低限度。例如，不完成学习计划就不出去玩、不看电视；对孩子不合理的要求学会说"不"。

4.提高效率

找出处理问题的最好方式。例如：老师布置的作业记不清了，如果电话可以问就不要跑到同学家去。

5.巧妙利用零散时间

饭前饭后、等公共汽车时、上学放学的路上，都可以挤出10分钟的时间来阅读、回忆或思考一些问题。俗话说"巧裁缝不厌零头布，好木匠不丢边角料"，几分几秒的时间看起来微不足道，但汇集起来就大有可为。

充分利用好零碎的时间

人在一生中除了有整块的学习、工作时间外，还有许多零星的时间，有人称之为"下脚料"或"零头布"，可以利用。据统计，人的一生中除1／3时间用于工作、生产，1／3时间用于休息睡眠外，还有1／3的业余时间。这些业余时间看起来零散，算起来惊人。有人计算人到60岁，能过3120个星期天，相当于8年时间，除休息外，还可做很多事情。英国数学家科尔就是利用近3年的全部星期天，攻克了一道200年无人攻克的数学难题而轰动数学界。还有人计算，如果一天挤一小时业余时间来学习，从16岁到70岁可以学习两万个小时；若每小时读10页书，那么可以读20多万页，其厚度将有两层楼那么高。

我国著名数学家苏步青教授经常用零星时间著书立说，他说："我用的是零头布，做衣裳有整料固然好，没有整段时间，就尽量把零星时间利用起来，天天二三十分钟，加起来可观得很。"相对论的创始人爱因斯坦就是一个"寸阴必争"的科学家，他利用等朋友的时间踱步思考解决了一个重大的数学问题。达尔文也说："我从来不认为半小时是微不足道的一段时间。"他写《物种起源》从来没有5分钟的闲暇。而陈景润则总是把去食堂买饭的时间拖后，以避免排队浪费时间，同时还可以把饭前的零碎时间归到整块时间中去，他称之为"时间嫁接法"。对孩子来说，如果能够将不起眼的零碎时间用于学习，长此以往，他们就能将时间化零为整，这对提高孩子的学习成绩，增加孩子的知识积累是很有帮助的。

在高考中取得了603分的好成绩的刘雅婷，在谈到自己的学习经验时说："我习惯于把空隙、零碎的时间利用起来。比如，早上一起床便可播放英文磁带，我完全不必专注地去听，只当是'熏耳朵'。口袋里经常装一个小本子，上面记着单词以及要提醒自己注意的问题，利用饭前等候的时间翻翻看，在一次次不知不觉的重复中，就把这些单词和问题记住了。"

与刘雅婷相似，张文静同学也有这样的学习习惯。她坚持用零散的时间记忆零散的知识。零散的知识主要是英语单词和语法，语文的语音、词语、标点、熟语等基础知识。她用小本子将这些零碎的知识记录下来，随身携带，用零散的时间记忆非常有效。

俄国历史学家雷保克夫说："时间是个常数，但对勤奋者来说，是个复数。用'分'来计算时间的人，比用'时'来计算时间的人，时间多五十几倍。"对于孩子而言，一天之中除了几大块完整时间外，还有许多零星时间，如饭前饭后、课前课后、睡前睡后以及课余时间。因此，我们要教孩子学会利用零碎时间。比如，孩子等车的时候，可以背诵课文、公式、单词；孩子放学回家的时候，可以观察事物，思考问题；孩子晚上睡觉前，可以回忆当天学习的内容和知识；等等。

有人说，时间往往不是一小时一小时浪费掉的，而是一分钟一分钟悄悄溜走的。著名的海军上将纳尔逊，曾发表过一项令全世界懒汉瞠目结舌的声明："我的成就归功于一点：我一生中从未浪费过一分钟。"军事家苏沃格夫也表示过："一分钟决定战局。我不是用小时来行动，而是用分钟来行动的。"其实他们的成功就在于珍惜零碎时间，懂得注重这一细节。

　　然而，懂得珍惜零碎时间，并不意味孩子能够合理运用零碎时间。身为父母既要让孩子注重利用零碎时间，还应教会孩子科学运用零碎时间。

　　李琦是个很勤奋的孩子，无论在学习中，还是在生活中，爸爸总是看他学个不休、忙个不停。有一天，爸爸在李琦身上发现了一个问题。

　　那一天，爸爸叫李琦帮忙沏壶茶，但是没茶叶，李琦还必须去买茶叶。爸爸知道烧壶开水需要15分钟，到楼下买包茶叶要10分钟，准备茶具、泡茶需要3分钟。这些时间加起来要28分钟，但是如果孩子懂得统筹时间，那么就能缩短所用的时间。

　　但是李琦不会统筹时间，他先买来茶叶再准备茶具再烧水，最后花了半个小时才把茶沏好。当他把茶端给爸爸时，爸爸认真地指出了这一问题，爸爸说："李琦，你勤奋，懂得利用零碎时间。这一点很好，爸爸要表扬你。可是你知道吗？刚才你沏茶，其实不用花那么多时间，你可以烧上开水之后，再去买茶叶，回来后准备好茶具，这样花15分钟就可以了。"

　　李琦从爸爸的话中得到启发，从那以后他开始学会统筹时间，巧妙地利用零碎时间，提高学习和做事的效率。

　　利用零碎时间看似一件不起眼的小事，却蕴含这么多奥妙。父母有必要把这里面的学问告诉孩子，让孩子明白时间是有限的，但是只要懂得运用时间，就能在有限的时间内，做更多的事情。

　　我们来看2005年以高分考入北京大学新闻与传播学院的张文静同学的经验："'用零散的时间记忆零散的知识'，这句话不是我说的，是学来的，拿来与大家共享。"

　　零散的知识主要是英语单词和语法，语文的语音、词语、标点、熟语等基础知识。大块的读书时间可以用来读文章，记忆政治、历史、地理等系统性很强的科目知识，而那些零碎的知识可以写在小纸片上，随身携带，在零散的时间里记忆是最好不过的了。

如果你想孩子学习有进步，就可以将上面的方法告诉孩子，让他们从现在开始学会活用零碎时间。

合理安排孩子放学后的活动

孩子在学校学习的时间基本上是相同的，但放学后的时间就大不一样了。有些孩子由于放学后的时间没有得到合理安排，不是上网玩游戏就是看电视，或者出去玩，长期这样下去，学业就会荒废了；相反，如果孩子把放学后所有的时间全放在学习上，当然也是不行的，一定要注意劳逸结合。所以，家长一定要帮助孩子安排好时间的利用，让孩子养成良好的学习和生活习惯。

1.放学回家第一件事是写作业

孩子放学回家后，家长一定要督促孩子先完成作业，让孩子养成一个好的习惯：先把重要的事情做完再去做他想玩儿的事情。否则等他年级更高了就养成做作业拖拉磨蹭的毛病。

每天孩子放学回家，家长可以先陪孩子坐下来看看功课是什么。在轻松的氛围下让孩子明白回家第一件事就是写功课。低年级孩子的功课很快就能写完，这时，家长最好再拣本好书读给孩子听，尽量让孩子维持回家有30分钟坐在书桌前的习惯。遇到不懂的功课，陪着孩子找工具书，和他讨论。在孩子习惯养成前，家长得让他知道遇到困难时，他可以从哪里寻求帮助。

2.安排孩子的朗读时间

俗话说："熟读唐诗三百首，不会作诗也会吟。"中国古代，孩子接受的启蒙教育都是从朗读开始的。长期的朗读训练能提升孩子的理解能力、记忆能力、表达能力、阅读能力和写作能力。因此，父母和孩子应该尽快走进朗读的世界，感受朗读的乐趣。

刘楚所在的小学即将举办朗读比赛。老师让同学们每天朗读两遍指定的文章，1个月之后，老师要从这些同学中选出优秀的学生参加比赛。从老师布置完任务的第二天起，刘楚每天晚饭后都会利用15分钟时间，大声地朗读一遍选定的文章，第二天早起还会再读一遍。

头几天，刘楚读得不是很熟练，慢慢地，她不但能够连贯地、毫无障碍地完整朗读下来，而且越读越有感情。快到月底的时候，这篇文章在刘楚的朗读声中已经鲜活起来，好像不再是印在纸张上的文字，而是一种音乐、一种旋律。当然，刘楚顺利地被选入参赛者的行列，还在比赛中为班级争得了不小的荣誉。

自从这以后，刘楚显然是爱上了朗读，而且放学后，一有空就找出自己喜爱的文章大声地读一遍。半年之后，刘楚自己都发现表达能力增强了，老师也经常肯定她的写作能力提升了。

朗读对孩子阅读能力和学习能力的提升是毋庸置疑的。但是，如果孩子"三天打鱼，两天晒网"，或者一时兴起读两句，过几天又不读，只是把朗读当成消遣，那么想通过朗读提升能力就不容易了。因此，父母要让孩子爱上朗读，让孩子每天放学后坚持诵读15分钟。只要坚持下去，孩子学习能力的提升就指日可待了。

3.让孩子干点家务活

现在很多家庭中，家长一般不会要求孩子做家务，这是由多方面原因造成的。有些家长把孩子的学习看得过于重要，认为孩子只要学习好就是好孩子，忽视了其他方面，然而孩子的成长应该是均衡发展的。还有一些家长普遍认为，有些家务活孩子没有能力完成，为了省事、省时间，家长会拒绝孩子做家务。另外，还有的家长爱孩子的方式不对，觉得自己小时候做家务特别多，不想再让自己的孩子受累，因此选择自己做家务。

的兴奋点就得到了适时的转移，避免长时间固定在某一点上所产生的疲劳和抑制。思维中断是暂时的，并不是记忆信息的真正遗忘。只要大脑的思维过程恢复到比较清晰的状态，思维中断就会很快消除。

5.提前答完试卷要全面检查

考试时检查这一关是很重要的，而且要掌握一定的方法。

首先，要检查有无漏题、笔误现象和因粗心导致的错误；其次，要仔细琢磨解题的各个环节，审题是否准确、完整，特别是题目关键词及隐蔽条件；题型确立，解答所用有关概念、原理及方法是否正确，推理是否严密，合乎逻辑运算有无差错、论述有无遗漏点等。另外，检查时应完全抛弃开始做这道题时的思路，让脑子空白地去检查，这样才容易检查出错误来。否则按原来的思路检查纯属浪费时间。当结果不对时，要把以前的思路摆出来，看是哪儿错了。对于计算题，如果时间允许，最好在另一张空白纸上验算，这样如果结果不同，可迅速发现错误所在，改正起来也较快。

除此之外，对不同题型可采用不同的检查方法。对选择题可采用例证，举出一两例来能分别证明其他选项不对便可安心。对填空题则要细心，计算也是要从头算过的。对大题：一要检查审题；二要检查思路是否完整；三要检查数据代入是否正确；四要检查计算过程；五要看答案是否合题意；六要看步骤是否齐全，该添的添上；最后还要看看有无其他方法解题，也可换个方法再算一下，看结果是否相同。

小测试：孩子考试焦虑吗？

下面的测试旨在对孩子考试焦虑心理作客观的诊断。测试时间最好能安排在一次较重要的考试刚结束之后。

测试共有33道题，每题有4个备选答案：A、B、C、D。让孩子根据自己的实际情况，拿好笔和纸填上相应字母，每题只能选择一个答案，其相应字母的意义是：A. 很符合自己的情况；B. 比较符合自己的情况；C. 不太符合自己的情况；D. 很不符合自己的情况。

测试题：

1. 到了考试那天，自己就会不安起来。（　　）

2. 在考试时，自己感到十分紧张。（　　）

3. 在考试时，常常紧张得连平时记得滚瓜烂熟的知识也回忆不起来。（　　）

4. 在考试时，常常沉浸在空想中，一时忘了自己是在考试。（　　）

5. 发现考试剩下的时间来不及做完全部试题时，就急得手足无措、浑身大汗。（　　）

6. 担心自己如果考的分数不理想，会受到家长或老师的严厉指责。（　　）

7. 在考试后，发现自己懂的题没有答对时，就生自己的气。（　　）

8. 有几次在重要的考试之后，自己腹泻了。（　　）

9. 对考试十分厌烦。（　　）

10. 遇到很难的考试，就担心自己会不及格。（　　）

11. 一听到考试的铃声响，自己的心马上就紧张得怦怦跳。（　　）

12. 遇到重要的考试，自己的脑子就变得比平时迟钝。（　　）

13. 看到考试题目越多、越难，就会越感到不安。（　　）

14. 在考试时，自己的手会变得冰凉。（　　）

15. 在考试时，常会去想与考试无关的事情，注意力集中不起来。（　　）

16. 在重要考试的前几天，自己就坐立不安了。（　　）

17. 临近考试时，就会泻肚子。（　　）

18. 一想到考试即将来临，身体就会发僵。（　　）

19. 在考试前，总感到苦恼。（　　）

20. 在考试前，感到烦躁，脾气变坏。（　　）

21. 只要考试不记成绩，就会喜欢考试。（　　）

22.认为考试不应当在这样的紧张状态下进行。（　　）

23.不进行考试，自己能学到更多的知识。（　　）

24.在紧张的复习期间，常会想到："这次考试，如果考不理想的分数怎么办？"（　　）

25.越临近考试，注意力就越难集中。（　　）

26.一想到马上就要考试了，对参加任何文娱活动都没有兴趣。（　　）

27.在考试前，总是预感到这次考试不会顺利。（　　）

28.在考试前，常常做关于考试的梦。（　　）

29.在考试时明明上过厕所了，却还老想上厕所。（　　）

30.在考试时，即使不热，也会浑身出汗。（　　）

31.在考试时，紧张得手发僵，写字不流畅。（　　）

32.在考试时，经常看错题目。（　　）

33.在进行重要的考试时，就会头痛。（　　）

评分规则：

统计你所填写各个字母的次数，每填写一个A得3分、B得2分、C得1分、D得0分。

测试分析：

总分在0~24分之间：你的焦虑程度属于"镇定"，说明你总是以比较轻松的态度对待考试。但如果得分过低，说明你对考试采取了不在乎的态度，也是需要改变的。

总分在25~49分之间：你的焦虑程度属于"轻度焦虑"，说明你面对考试心情较激动，有点惶恐不安。但不必担心，这属于正常的临考和考试状态。低程度的焦虑，说明你的脑细胞已兴奋起来，准备进行或正在进行高效率的工作。事实上，轻度的焦虑感有助于成绩的提高。

总分在50~74分之间：你的焦虑程度属于"中度焦虑"，说明你面对考试心情过于激动，焦虑感过高。以这样的紧张心情去参加考试，势必难以反映出自己的真实水平，这时，应想办法努力降低自己的焦虑程度。

　　总分在75～99分之间：你的焦虑程度属于"重度焦虑"，就必须引起足够的重视了。因为你已患上了"考试焦虑症"，它会导致考试失败，学习难以进行，心情紧张不安，郁郁寡欢，性格也会变坏，心理健康程度会下降。因此，应找心理医生或心理辅导老师，采取措施加以治疗。